Rudolf

Vielfältige Gesichtspunkte in der Anthroposophie

Steiner

人智学のパースペクティヴ 1

霊界から社会へ到る道

ルドルフ・シュタイナー

高橋　巖［訳］　飯塚立人［編集］

春秋社

目次

霊界から社会へ到る道

血のエーテル化

エーテル界のキリストによる地球進化への働きかけ

バーゼルにて

1911年10月１日

Die Ätherisation des Blutes.

Das Eingreifen des ätherischen Christus in die Erdenentwickelung

人間の魂が自分自身を認識するということ、そのことは神秘主義的であれ、現実主義的であれ、認識を求めるすべての時代における人間の要請でした。けれどもこれまで何度も申し上げてきたように、人間の魂が自己を認識するということは、神智学徒の多くが思っているほどに容易なことではないのです。そして、それが困難であるということを、神智学徒は繰り返して意識しなければならないのです。なぜなら人間が宇宙を思い、宇宙の中での人間の役割、目標、人間として必要な生き方、行動を知ろうとするとき、まずこの困難な自己認識が欠けていては、何も始まらないからです。

今日はまず、自己認識が人間にとって、なぜそんなに困難なのかを考えてみようと思います。人間は実際、本当に複雑な存在なのです。ですから人間の魂のいとなみについて、人間の内面生活について語るときには、この魂のいとなみ、この内面生活をはじめから前提にして考えを進めるのではなく、忍耐と持続力を失わずに、人間が神的、霊的な宇宙の働きによって与えられた魂というすばらしい組織体、すばらしい構成体を本当に成長、発展させていけるように、一歩一歩であっても、ますます努めなければならないのです。

そこで私たちが魂の本質を認識しようとする前に、人間の魂の在り方における二つの状況に眼を向けなければなりません。磁石が北極と南極を示し、外なる宇宙の諸事物の中に明と暗が光の陰影として現れるように、魂もまた、存在の両極を示しているのです。この両極は、二つの生活状況の中で私たちの前に現れてきます。一つの生活状況はこうです。――誰かが道を歩いていて、突然立ち止まり、美しい自然のたたずまいに我を忘れて見入ります。手も足も動きを止め、眼だけがその美しい風景に引き込まれるのです。きっと彼の内面は目の前の風景とひとつになっているのでしょう。見ることに没頭しているのです。これがこれから問題にしようとしている状況の一つです。

もう一つの状況は次の通りです。誰かが別の誰かと通りを歩いていて、別の誰かに心を傷つけられたのです。あまり考えるひまもなく、その人は怒りの発作におそわれて、自分の心を傷つけた相手になぐりかかります。怒りに駆られて、そういう行動をとったのです。意志衝動が行動を起こす前に、思慮を働かせる余裕がなかったのです。もしも思慮が働いていたなら、もっと慎重な態度をとったことでしょう。

この二つは極端な例です。一つは意志がまったく意識から遮断され、意識はイメージの中に没頭しています。そしてもう一つは、イメージの働きが遮断されて、意志衝動がすぐに行為に移行しているのです。

この二つの場合は、人間の魂の両極端をあらわしています。意志の発現が一方の極です。意志を沈黙させて、考察、思考、心象に没頭するのがもう一方の極です。これが生活上の二つの極です。

さらに立ち入って、人生をオカルト的な観点から見てみますと、別の両極性も見えてきます。それは覚醒と睡眠の両極性です。オカルト的に見た睡眠と覚醒について、私たちはすでにいろいろ学んできました。私たちの神智学の基本概念によれば、覚醒時の私たちは、肉体、エーテル体、アストラル体、自我が有機的に互いに結び合い、働き合っています。そして、睡眠時の私たちは、肉体とエーテル体をベッドに横たえ、アストラル体と自我はそこから抜け出て、物質界に接している偉大な宇宙の中に、いわば注ぎ込まれているのです。

私たちはこの事実を別の仕方でも考察できます。すなわち、こう問うこともできるでしょう。——いったい生命の世界を考察する場合、心象、思考、意志と意志衝動は、覚醒時と睡眠時とでどう異なっているのだろうか。

皆さん、物質生活をいとなむ私たち人間は、もともといつでも眠っているのです。ただ昼と夜とでは眠り方が違うだけなのです。昼の人間は、オカルト的に目覚めれば、霊界が霊視できるのに、通常の肉体は、霊視しないで、眠り込んでいます。ですから霊的な感覚を働かせるときに初めて目覚めるのです。一方、夜の眠りに関しては、人間がそのとき眠っているのは明らかですから、こうも言えます。――通常の眠りは、外的物質界に関しての眠りであり、日常の意識は霊界に関しての眠りなのだ、と。

この事実は別な観点からも考察できます。よく観察してみると、通常の覚醒時の人間の場合、肉体は意志を行使することが概して不得意です。意志は日常生活から非常に離れているとさえ言えます。意志の働きを観察してみると、日常生活の中での私たちは、意志衝動を自由に支配していないことに気づかされます。朝から晩までの行動が、個々の決断からなされることがいかに少ないかを考えてみて下さい。誰かがドアをたたくとき、私たちは「どうぞ！」と言って、入るのを促します。しかしその行為は、私たちの意志の本当の決断によるわけではありません。私たちが腹をすかして、食卓に坐るとき、明確な意志の決断によって、そうしているとは言えないのです。なぜなら私たちの生体、私たちの生理状態によって、そうしているだけなのですから。どうぞ自分の日常生活のことを考えてみて下さい。意志が直接、人間のセンターからの指令で働くことはめったにないのです。

なぜ、そうなのでしょうか。神秘学は、人間の意志は昼間、眠っていると教えています。つまり、そのときの人間は、意志衝動の下で生きているわけではないのです。

私たちはすぐれた概念やイメージを身につけ、より道徳的な、そして趣味豊かな人間になることができます。しかし意志に関しては、何もすることができません。よりすぐれた思想を身につけることによって間接的に意志に作用を及ぼすことならできますが、直接意志に関与することはできないのです。私たちの意志は、ひとつの廻り道をすることで初めて、日常生活からの影響を受けるのです。すなわち、睡眠という廻り道においてです。

眠っているときの私たちは、思考していません。イメージを作ることもしません。イメージも思考も、眠っているのです。これに反して意志は目覚めています。そして私たちの生体に外から働きかけて、生体を活性化します。だから私たちは朝になると、力が回復したと感じるのです。意志が生体に働きかけているのです。私たちが意志のこの働きを知覚せず、そのことをまったく意識していないのは当然です。なぜなら私たちが眠ると、私たちの意識も眠ってしまうのですから。

ですから、私たちが今、これからの思索、瞑想をさらに深め、先へ進もうとするのでしたら、次の命題を真剣に受けとめなければなりません――「人間は目覚めるとき、自分の意志を眠らせている。そして眠るとき、自分の意識活動を眠らせている。昼は意志が眠り、夜は意識生活が眠る」。

夜、意志が眠らずにいることを私たちが意識できないのは、そのとき意識が眠っているからなのです。けれども、意志は夜、眠っているのではなく、意志本来の火の要素を通して自分の体に働きかけ、日中消耗したエネルギーを補充しているのです。

このように人間の中には、二つの極があるのです。意志衝動と意識生活です。そして人間はこの二つの極に対して、まったく正反対の関わり方をしているのです。しかし、これは極についてだけ言えることです。魂の生活そのものは、さまざまなニュアンスを伴って、この両極の間で働いています。そこで今私たちは、この魂の生活にもっと近寄って、この魂の生活、この小宇宙内での生活を高次の世界と結びつけて考察してみようと思います。すでに述べたように、私たちの魂の生活の一方の極は、意識生活です。

この意識生活は、外的、唯物主義的な人間にとっては、どこか非現実的なところがあります。よくこういう考え方をする人がいます――「ああ、何を考えようとも、考えであることには変わりない。パンや肉を手にとれば、それが現実であることは分かるが、パンや肉についての考え方は、ただの考えにすぎない」。

けれども、なぜただの考えにすぎないのでしょうか。そういうただの考えは、本来の考えに較べると、影と実体そのものとの違いのようだからです。私たちが花を手にして、その花の影を見るとすると、その影は本当の花の存在を指示しています。それと同じ意味で、人間の考えは、アストラル界という高次の世界の考えや本性を指示しているのです。

ここに人間の頭があると考えて下さい［図1］。（もちろん図版上のことですが）この頭の中に、今、斜線であらわした思考内容が入っています。しかし、頭の中のこの思考内容は、ここに示したアストラル界では、生きた本性なのです。このアストラル界の中には、実にさまざまな本性たちが働いています。そしてそこで生み出されたイメージや行為が影となって人間の中に投げ込まれると、その経過が人間の頭の中で思考となって映し出されるのです。

どうぞ、次のように考えてみて下さい。皆さんの頭から絶えず流れがアストラル界へ向かって流れていきます。そしてその流れが、思考生活を皆さんの頭の中に影として生じさせているのです。

次の図式を見て下さい［一一頁］。

人間の魂の中には、思考生活以外に別のいとなみもあります。通常の生活においては、思考生活の外に感情生活もあります。この区別は厳密ではありませんが、通常の生活のためにはこの区別が必要なのです。感情の中では、気に入る共感と気に入らない反感とが働いています。もしもこの共感が正しいこと、善意あることを行ったときに生じ、反感が悪意や

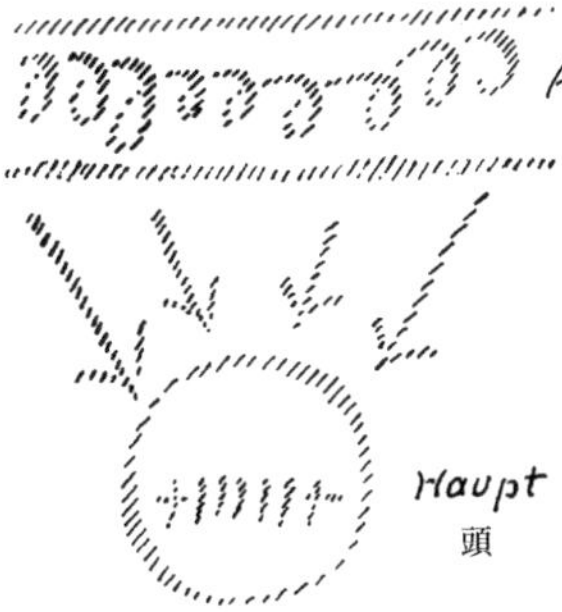

［図1］

不正を行ったときに生じるとしたら、そのことは、すでに単なる意識活動以上の、それとは別の魂の働きのあることを示しています。何かを意識するだけなら、どうでもよいような事柄に対しても、そうできます。けれども共感と反感という魂の体験は、美と善、あるいは悪と醜に関わる体験でもありえます。人間の中の思考のいとなみは、アストラル界を志向していますが、一方、共感、反感と結びついたものはすべて、低次の神界を示唆しているのです。ですから先程、アストラル界まで描いた線は、神界または天上界にまで延ばすことができるでしょう。私たちの内部で、特に私たちの胸の中で、天上界または神界の諸経過が、美と醜、善と悪に対する共感と反感という感情となって現れているのです。ですから、道徳的＝美的な世界に対する私たちの感情と共に、私たちは低次の神界である天上界の影を魂の中に担っている、とも言えるのです。

さらに人間の魂には第三のいとなみも存在します。私たちはこの第三のいとなみを善意ある行動に対する単なる賛同からはっきりと区別しなければなりません。私たちがただそこに立って、美しい、善意ある行為を見、そしてそのことを良しとするのと、私たちが自分で意志を行動に移して、みずから善意ある行為を行うのとは、違うのです。私は、善いこと、美しいことに好意を抱き、

思考内容	アストラル界の本性たちの影（目覚めているとき）
共感と反感	低次の神界の本性たちの影（夢見ているとき）
道徳衝動	高次の神界の本性たちの影（眠っているとき）

悪い行為、醜い行為に嫌悪を抱くことを、魂の美的な働きである、と言おうと思います。そして反対に、人間を善い行動に駆り立てる働きを、道徳的な働きと呼ぼうと思います。道徳的なものは単なる美的なものよりも高いところに立っています。単なる気に入る、気に入らないは、善または悪を行わざるをえないことよりも低いところに立っています。私たちの魂が何かに駆り立てられ、道徳的な衝動に促がされているとき、そういう行為への衝動は、高次の神界、高次の天上界の影なのです。

この三段階に分けられる、上下の関係にある魂の活動、思考の純粋に知的な活動と、気に入る、気に入らないという美的な活動と、悪と善に対する道徳的な衝動——人間の魂のこれら三つの体験は、外なる大宇宙の中で上下に位置している三つの世界の小宇宙的な影像なのです。すなわち、アストラル界はみずからを思考世界として映し出し、神界はみずからを気に入る、気に入らないという美的世界として映し出し、高次の神界はみずからを道徳性として映し出しているのです。

今述べたことを、前に述べた人間の魂の両極と結びつけて、一方の極に知性を、主として覚醒時の生活を支配しているものとして感じとって下さい。日常の私たちは、知的な生活において目覚めているのです。その一方で私たちは、睡眠中、意志を目覚めさせているのですが、そのときは知性を眠らせているので、意志で行っていることを意識することはないのです。しかし、私たちの道徳衝動が、間接的にではあっても、この意志の中に働きかけています。実際、私たちが睡眠を必要とするのは、思考生活を通して受容する道徳概念が実際に有効な作用を及ぼせるようにするためなのです。本当のことを言えば、こんにちの人間の場合、日常生活の中では、何か正当なことを知的にしか実行できないのです。道徳的に働いているわけではないのです。道徳の分野では、大宇宙からの協力を必要としているのです。

私たち自身の内なる働きは、知性においては或る範囲まで私たちを導いてくれますが、道徳的な向上となると、どうしても神々の協力が必要なのです。ですから私たちは眠りに沈んで、神的な意志の中に入っていくのです。そのときの私たちは、無力な知性を働かせることなく、私たちが受けとった道徳原則を神々の力が意志の力に変えてくれるのを待たなければならないのです。そうすれば、私たちがもっぱら私たちの思考内容として受けとった道徳を、私たちの意志の中に注ぎ込んでもらえるのです。

夜、目覚めている意志の極と、昼間、目覚めている知性の極という二つの極の間に、美的な分野があります。この分野は、常に、どんな人の中にも存在しています。人間は昼間、完全に目覚めているわけではありません。目覚めているとしたら、その人は、もっとも冷静な、もっとも俗物的な人なのでしょう。そういう人なら、昼間も完全に目覚めています。でも、たいていの人は、昼間もどこかで夢見ているのです。人間は、目覚めているときも、どこかで夢見ることができなければならないのです。きびしい現実とだけ向き合うのではなく、芸術、文学、その他の分野にも帰依できなければならないのです。そのようにしてきびしい現実に向き合える人は、自分の中に人生そのものを生きいきと新鮮なものにしてくれるひとつの結びつきを生じさせます。そういう思いに身を委ねることは、夢のように覚醒時に作用します。皆さんも経験があると思いますが、私たちは睡眠の中に夢を持ち込みます。そうすると眠りの中に別の意識が持ち込まれます。このことは、冷静な、心を乾燥させた、不健康な日常生活だけを送ることには満足できないすべての人が必要としていることです。夢が夜現れることを、わざわざ正当化する必要はないでしょう。夢は二つの極の間に立つ仲介者なのですから。夜の夢と白日の夢、いずれも想像力の中で生きているのです。

そのように私たちはここでも魂の中に三層の働きをもっています。まず知的な働きですが、この働きによって、私たちははっきりと目覚めていられます。そしてアストラル界の影を自分の中に担うのです。この影は日中、思考内容に身を委ねることを可能にし、時には日常生活を豊かにしてくれる思いつきや偉大な発見、発明を可能にしてくれます。

そして睡眠時に、夢を見て、その夢が睡眠に影響しますと、低次の天上界もしくは神界が影となって現れます。そしてさらに睡眠時に働いて、道徳性を私たちの意志に刻印づけますと——直接知覚はできなくても、その働きの中で——睡眠中に、神霊の働きが私たちの思考の中に注ぎ込まれます。そして、そのとき知覚する衝動は、高次の神界、高次の天上界の影なのです。

これは道徳的な衝動であり、そして私たちの中に生きている感情なのです。この感情は、私たちにこう言わせます――「基本的に人生が正当化されるのは、私たちが自分の思考内容を善と美のために奉仕するときなのだ。そのとき、私たちの知的な働きに神霊の心血が注ぎ込まれる。道徳衝動が注ぎ込まれるのだ」。

このように、まず外的、顕教的な仕方で、次により神秘的な仕方で考察した人間の魂のいとなみは、より深いオカルト的な研究から見えてくるのです。そして、私たちが今より外的な仕方で述べた事柄が、見霊的に知覚できる諸経過の中で示されるのです。すなわち、目覚めた状態にあるこんにちの人間を見霊的な眼で見るなら、その人の心臓から頭のほうへ、絶えず特定の光線が流れているのです。それを図示してみると［図2］、ここに心臓があり、そこから絶えず流れが脳のほうへ向かい、そして頭の内部で松果腺を取り囲んでいるのです。光線のようなものが心臓から頭のほうへ上っていき、そして松果腺の周りを流れるのです。この流れは、物質成分である血液が心臓部で絶えずエーテル成分に変化していることによって生じた流れです。

［図2］

ですから、心臓部では、絶えず血液が精妙なエーテル成分に移行し、そしてそのエーテル成分が頭のほうへ上り、輝きながら松果腺を取り囲んでいるのです。

この経過、この血液のエーテル化は、覚醒時の人間の場合に絶えず現れています。しかし、睡眠時の人間は違います。その場合は、ここに心臓、ここに脳があるとしますと、オカルト的に観ると、絶えざる流れが外から入ってきて、うしろからこの心臓のところへ来るのが見えるのです［図3］。

しかし、この流れは眠っている人の場合、外から、宇宙空間から、大宇宙からベッドに横たわっている人の肉体とエーテル体の中へ流れ込むのですが、よく見ると、非常に注目すべきことをあらわしています。

すなわち、この光線は人によって実にさまざまなのです。眠っている人は、本当に互いにはっきりした相違をあらわしているのです。ですから、ちょっと自慢の鼻の高い人は、いつか思い知らされることでしょうが、みんなが集まっている席で眠ってしまうと、見霊的な眼はとてもひどいものを見せられてしまいますから、すぐにばれてしまうので、眠らないほうがいいのです。

［図3］

実際、道徳的性質は、睡眠中に流れ込んでくるものの独特の色合いとなって現れるのです。ですから、低次の道徳原則をもっている人と、高次の原則をもっている人とでは、その流れがまったく違います。昼間どんな態度をとっていようとも、そのときには何の役にも立ちません。あまり道徳的とはいえない原則に傾きがちな人の場合、いつも赤茶色を基調とした色合いの光線が流れ込んでいます。そして、高次の道徳的な理想をもっている人の場合は、藤紫色の光線が流れ込んでいます。

目覚めの瞬間、または眠りの瞬間に、松果体の周辺に一種の戦いが生じます。それは上から下への流れと下から上への流れとの間の戦いです。知的な要素は、目覚める人の場合、下から上への光の流れとして現れ、道徳的＝美的な性質は上から下へ流れます。そして目覚めと眠りの瞬間に、上へ向かう流れと下へ向かう流れが出合うのです。特に頭がよくて、低次の原則をもっている人の場合、松果体の周辺で激しい戦いが見られます。そして良い原則をもち、それが知性に対抗しているときには、松果体の周辺にほのかに輝く光が広がっているのが見えます。

こういう光の現れは、目覚めと眠りの瞬間の、いわば小さな光の海の中に組み込まれています。道徳性の高さは、静かな輝きが目覚めと眠りの瞬間に松果体を取り巻いていることの中に示されています。人間の中の道徳的性質はこういう仕方で映し出されているのです。そして、この静かな輝きは、しばしば心臓部にまで拡がっています。このようにして人間の中には、大宇宙からの流れと小宇宙からの流れという二つの流れが見られるのです。

この二つの流れが人間の中で出合うということの意味を知るには、一方で先程述べた魂のいとなみについて、つまり知的、美的、道徳的という三層の対極が、上から下へ、脳から心臓へと流れていることについて、よく考えてみる必要があります。けれども他方で、これまで述べてきたことのまったき意味を知るには、このことに対応している大宇宙における現象にも眼を向けなければなりません。

この大宇宙の現象は、近年における霊的探求、一人ひとりの真の薔薇十字会員たちの探求によって明らかにされてきました。大宇宙は、小宇宙との関連で取り上げるのでなければなりません。今、小宇宙について述べたのと似た事柄が、大宇宙においても現れているのですから。皆さんはこの問題をますます理解するようになるでしょう。

人間の心臓部で血が絶えずエーテル化されるように、大宇宙でも似た経過が生じています。このことを理解するには、ゴルゴタの秘儀に眼を向け、イエス・キリストの血が傷口から流れ出た瞬間に眼を向けなければなりません。この血は化学物質として考察されるだけでなく、ナザレのイエスの本性として、何かまったく特別のものとして見なければなりません。このことはすでに述べてきました。ですから、この血が大地に流れ出たことで、その血が大地と結びついたことで、地球のそれに続くすべての時代にとってこの上なく重要な、しかも一回限りの出来事が生じたのです。それによって地球にひとつの実体が与えられたのです。

　この血と共にそれに続くすべての時代に、いったい何が生じたのでしょうか。小宇宙である人間の心臓に生じたのと同じことが生じたのです。地球紀の進化の過程で、この血はひとつのエーテル化の経過を生じさせたのです。

　そして、私たちの血がエーテルとなって心臓から上へ流れるように、ゴルゴタの秘儀以後、キリストのエーテル化された血は、地球エーテルの中に生きているのです。地球のエーテル体は、ゴルゴタの丘に流された血から生じたものに浸透されているのです。これは重要なことなのです。もしもこのことが生じなかったとすれば、イエス・キリストによって生じたことが生じなかったとすれば、先程述べたことだけが地上の人間の身に生じたことでしょう。しかし、ゴルゴタの秘儀以後、下から上へのこの流れの中にキリストのエーテルの血が共に流れているのです。このことが絶えざる可能性として存在しているのです。

　ナザレのイエスのエーテルの血が地球のエーテル体の中に存在することによって、ナザレのイエスのエーテル化された血が、下から上へ、心臓から脳へ流れるエーテル化された人間の血と共に流れています。ですから、先程述べたものが人間の中で出合っているだけでなく、本来の人間の血の流れとイエス・キリストの血の流れとが出合っているのです。

　けれどもこの二つの流れの結びつきは、人間がキリスト衝動を正しく受けとめたときにのみ生じます。そうでないときには、この結びつきは生じません。そうでないと、二つの流れはぶつかり合って、ふたたび別々に流れるでしょう。私たちが地球進化のどの時代においても、その時代にふさわしい仕方でこの衝動を身につけることができたなら、この結びつきが可能となるのです。

イエス・キリストが地上を生きていたときに、彼の先行者ヨハネの下に集まって、福音書に記されているような仕方で洗礼を受けた人びとは、眼の前に迫っている現実に正しい態度で接することができませんでした。この人たちは、罪を、つまり前世でのカルマを変化させ、そして地球紀進化の最重要な衝動が或る肉体の中に降りてくるのを見てとることができるように、洗礼を受けたのです。しかし、人間はもっと先へ進化していきます。私たちの時代になると、何よりも大事なのは、人間が霊学の認識を受けとり、そして次第に心臓から脳へ流れるものを熱く燃え立たせ、神智学を身につけるようになることなのです。そうすれば私たちは、二〇世紀から始まること、つまりパレスティナの肉身のキリストだけでなく、エーテル界のキリストをも理解するようになるでしょう。

私たちの時代は、エーテルのキリストが地上生活に介入する時点に達したのです。まず、少数の人が生まれつきの霊感でこのエーテルのキリストを見るようになるでしょう。そして、今後三千年の間に、エーテルのキリストを見る人びとはますます多くなるでしょう。そうなるに違いありません。それが自然の成り行きです。このことは、一九世紀において、電力を応用できるようになったことと同じような真実なのです。一定数の人びとがエーテルのキリストを見るということ、ダマスクスの出来事をもつということは、本当に起きるのです。

しかし大切なのは、キリストが自分のところに来る瞬間を知ることです。これからの数十年の間に、いつか人びと、特に若者たちにそういうことが生じるでしょう。すでに今、いたるところでそのようなことが始まっているのです。――誰かがどこかへ行くかして、あれこれを体験するのです。その人が神智学を学ぶことで眼光を鋭くしさえすれば、突然自分の周りに誰かの気配を感じるでしょう。その誰かはやってきて、あれこれに注意するようにと彼に助言するのです。キリストがその人のところに来たのです。しかし、そのキリストをこの世の誰かだ、と思っています。しかし、その誰かがすぐに消えてしまうので、超感覚的な存在だったことをあとで認めさせられるのです。

時にはつらい思いが心に重くのしかかり、じっと部屋の中にいて、どうしたらいいのか分からないとき、戸が開くのです。エーテルのキリストが現れて、慰めの言葉を語ってくれます。キリストは人びとの生きた慰め手になってくれるのです！

こう申し上げると、こんにちではまだグロテスクに思われるでしょうが、人びとが集まって、どうしたらいいか分からずにいるとき、時には大勢の人が集まって、じっとしているとき、エーテルのキリストを見ることがあるのです。これは真実のことです。そのときキリスト自身が現れて、忠告を与え、集会の席に声をひびかせるのです。私たちはそういう時代に向かっているのです。このことは人類の進化に介入する建設的で肯定的な霊からの働きかけなのです。

私たちの時代の偉大な文化の進歩に否定的なことを言うつもりはありません。それは人間を解放し、救済するために必要なことです。けれども自然力を支配する外的な文化の進歩にどんなに関与していたとしても、私たちが自分の魂の中で、今人類とその文化に介入するキリストによる目覚めを体験するとき、そのことを意味のない、小さなことだと思ってはなりません。そのことによって私たちに与えられるものは、建設的で肯定的な力なのです。キリストは人類文化の中に建設的な力をもたらしてくれるのです。

後アトランティス期の初期の人びとは、今とは違うやり方で住居を建てていました。役に立つ草木を何でも利用していました。宮殿であろうと、自然物で役に立ちそうな枝や植物を互いに組み合わせて建築に用いいました。こんにちの人びとは今、瓦礫の山から建て直さなければなりません。私たちは外界のすべての文化を、粉砕された産物から作っています。そして次の数年間の間に、皆さんはもっともっと理解なさるでしょう。――私たちの文化がどれほどさまざまな破壊の産物のうえに成り立っているかを。

私たち後アトランティスの地上では、光が破壊されています。アトランティス期に到るまでの地上の経過は、前進し続けました。それ以後の経過は崩壊の過程にあります。電気とは何でしょうか。光が崩壊して電気になるのです。電気とは、物質の内部でみずからを破壊する光のことなのです。そして、地球紀の進化の内部で変化させられた化学力が、磁力なのです。そしてなお、さらに、第三の力が現れてくるでしょう。こんにちの人びとにとって電気は奇蹟的な働きのように思えるでしょうが、この第三の力はもっとはるかに奇蹟的に文化に影響するでしょう。そして私たちがこの力を利用すればするほど、地球は死体になってしまうでしょう。そして地球の霊体は木星紀へ移行していかざるをえなくなるでしょう。

こういう力が利用されて、地球が破壊されるのは、人間が地球から解放されるためなのです。地球が前進過程を辿っている限り、地球の崩壊は生じません。なぜなら、電気という偉大な文明の成果を用いなければ、地球は崩壊しないのですから。このことがこんにちどんなに奇妙に響こうとも、このことは次第にはっきり語られるようにならなければなりません。

私たちは進化の過程を理解しなければなりません。それによって私たちの文化を正当に評価することを学び、地球の破壊が必要なのだということを学ぶのです。そうでなければ、霊が自由にならないのです。けれども私たちはまた、地上生活への霊的な力の介入という、肯定的な働きをも評価できなければなりません。

キリストは三年の間、よく準備された人体に受肉して、各地を旅しました。そのときは人びとの眼にも見える存在となっていました。このことは偉大な、圧倒的な進歩を意味しています。この三年間に生じたことを通して、人びとは、パレスティナの社会で生きた肉身のキリストと同じように、現実的存在として地上生活に介入するエーテル体のキリストをも見ることができるまでに成熟したのです。人びとはこういう事柄を漠然と、曖昧にではなく、はっきりと洞察して、物質界の内部で旅をするであろうエーテル体と出会うのだ、ということを知るようになるでしょう。けれどもまた、このキリストのエーテル体が肉身の働きと同じように物質界で働くことのできる、かけがえのないエーテル体であることも分かるようになるでしょう。

このエーテル体が肉体と違うのは、それがいわば二つ、三つ、否、数百、数千の場所に同時に存在できる、ということだけなのです。そうできるのは、エーテル体だけであって、肉体ではありえないことです。

人類のこの進歩がもたらすものは、先程述べた二つの極、知的な極と道徳的な極とがますますひとつになり、統合される可能性です。そうなるためには、人びとが次なる数千年間に地上のエーテル的キリストを考察できるようにならなければなりません。そうすれば、ますます昼間でも霊界の善なるものの直接の働きに浸透されるようになるでしょう。現在は、昼間は意志が眠っています。そして、基本的に間接的に思考を通して意識的に働いているのです。けれども次なる数千年の間に、人間の道徳的な働きは、昼の状態においても、直接働きかけを受けることができるようになっていくでしょう。そのためには、すでに私たちの時代からこのキリストの働きが始まっていなければならないのです。

ソクラテスは、徳が教えることのできるものになるのを夢想しました。それが今現実になろうとしているのです。私たちの知性だけでなく、道徳衝動もまた教えによって刺戟され、広められる可能性が、ますます地上に生じるようになるでしょう。

ショーペンハウアーはこう述べたことがあります。――道徳を説くことは容易だが、道徳を基礎づけることは容易ではない。

なぜ、そうなのでしょうか。なぜなら、説教することではまだ道徳が本当に広められないからです。私たちは道徳原則をよくわきまえていながら、守らずにいることができます。霊は喜んで行おうとするが、肉は弱い、というキリストの言葉はたいていの人にあてはまります。

この状態が変化するのは、道徳の火がこのキリストの形姿から流れ出るときなのです。そのときには地上のために、人間が道徳並びに道徳衝動の必要性を洞察するようになるでしょう。そしてそれによって、道徳が地上には必要だ、とますます感じるようになるに従って、人間が地球そのものをも変容させるのです。そして、未来において不道徳でありうるのは、不道徳に助けを求め、悪霊たち、アーリマンやアシュラの力に憑依され、または憑依されようと求める人たちだけになるでしょう。

地球の未来においては、十分な数の人間がますます道徳を教え、同時に道徳の基礎づけを与えるようになるでしょう。けれどもまた、自由な意志から悪霊たちに帰依して、善き人びとに対抗する悪の軍団を結成しようとする人たちも存在するでしょう。その場合、どんな人でも強制されることはないでしょう。各人はみずからの自由意志で道を選ぶのです。

次いで地上に来るのは、本来、東洋の神秘学の偉大な論説の中にしか含まれていないような事柄が生じる時代です。そのとき、この道徳的な雰囲気が非常に高い度合いにまで達します。東洋の神秘学は、数千年来、この時代のことをこう述べてきました。――未来のいつか、地上は道徳的なエーテルの雰囲気の中に包まれる、と。

すでに太古のリシ（聖仙）の時代から、東洋の神秘学は未来への大きな希望を常に持ち続けてきました。その希望が実現するとき、この道徳衝動がヴィシュヴァ゠カルマンまたはツァラトゥストラの言うアフラ・マズダの本性の一部分となっているであろう、というのです。ですから東洋の神秘学はすでに、この道徳的な衝動が、この道徳的な地上の雰囲気が、私たちがキリストと呼ぶ本性から生じるであろう、と思っていたのです。東洋の神秘学は、キリストに希望を寄せていたのです。

東洋神秘学の手段は、ゴルゴタの秘儀をイメージすることはできませんでしたが、ゴルゴタの秘儀の結果として生じるべき事柄を十分にイメージすることができました。すなわち、偉大なブッダの悟りの後の五千年までの間に、太陽の火（熱）と光の中に身を浸した純粋なアカシャ（エーテル）諸形姿がキリストの後継者として来るであろう、というイメージを持っていたのです。それは本当にすばらしいイメージなのです。すなわち、地上の浄化された道徳的雰囲気の中を、光と火の息子たちが、肉身としてではなく、純粋なアカシャ（エーテル）形姿をとって、地上の道徳的雰囲気の中を旅して回るであろう、それを可能にする時が来るであろう、というのです。

しかし、そのときにはゴータマ・ブッダの悟りの後の五千年間に、人びとに純粋な火と光の形姿というすばらしい姿で生きているものを教えるあの教師もいることでしょう。そのときの人びとは、純粋な火と光の形姿というすばらしい姿で生きているのですが、この教師こそは、私たちの時代の三千年後に現れて、人びとにキリスト衝動を教えるあのミロク仏なのです。

このようにして、東洋の神秘学は西洋のキリストの知と美しい、見事な統一を示しています。東洋の神秘学はまた、私たちの時代の三千年後に現れるミロク仏［弥勒下生＝釈迦入滅後五六億七千万年後］が、それまでにも繰り返して、菩薩として、つまりゴータマ・ブッダの後継者として地上に受肉してくることをも明らかにしてくれます。ミロク・ボサツの受肉のひとつの例は、西暦前一世紀に生きたイエシュ・ベン・パンディラです。イエシュ・ベン・パンディラの中に受肉した人物は、未来においてミロク仏となる人物であり、この人物は百年ごとに繰り返して肉身として、またブッダとしてではなく、菩薩として現れてくるのです。

私たちの時代においても、未来にミロク仏となるこの人物から、キリストの本性について、そしてまたインド人たちの言う「火の息子たち」、すなわちアグニシュヴァッダたち（Agnishvāttas）についてのこの上なく重要な教えが伝えられています。

いつかミロク仏になる人物のことを人びとに認識させてくれるという点では、東洋神秘学の場合も、キリスト教の知の場合も同じです。いつかミロク仏になるであろう人物、肉体においては火の息子たちとは反対に菩薩として現れるであろう人物のことを知るには、この人物が青年期においては、その中にどんな個性が存在しているか誰も予感できないような仕方で成長していく、という点がまず問題になります。いつもそうなのですが、こういう人物の場合、三〇歳から三三歳までの間になって初めて、その人の中に菩薩がいることが分かるのです。その三年間に、人格の入れ替えが生じるのです。ですからミロク仏も、ちょうど三三歳のときに自分のことを人びとに分からせるでしょう。

イエス・キリストが三〇歳のときに自分の仕事を始めたように、キリストを人びとに告げ知らせる菩薩たちも、三三歳になって初めてみずからを人びとに知らせるようになるのです。そしてミロク仏自身は、こんにちの人には夢にも想像できないくらいに力強い圧倒的な言葉で、変化を遂げた菩薩として、人生の偉大なもろもろの秘密を語るのです。しかもそのときの言語は、そのとき初めて創られる言語なのです。実際、こんにちの人は、誰もミロク仏がいつか人びとに向かって語るであろう言葉を、どこにも見出せないでしょう。こんにちの人びとにそのように語れない理由は、人びとがまだそのための身体器官をもっていないからです。ミロク仏の教えは、教えだけではなく、道徳衝動をも人間の魂に流し込むのです。人間の喉頭部からそういう言葉はまだ発せられません。そういう言葉は今は霊界の中だけに存在しているのです。

神智学は、未来に生じるべきすべてに対する準備なのです。人類の進化を真剣に受けとめ、魂がすさんでしまうのではなく、さらに発展していくことを願っている人びと、地球が本当にみずからの霊的な部分を自由にすることができるように願っている人びと――人間は地球のすべての仕事をだめにしてしまうことができるのですから――、地球がみずからの粗雑な部分を死体のように脱ぎすてて、宇宙の仕事をまっとうできるようにと願っている人びと、そういう人びとは、こんにち私たちが神智学と呼んでいるものによって、霊的生活を理解できるようにならなければなりません。

そのようにして神智学は、義務になるのです。認識は、私たちの感じとるものに対して責任がもてるようにしてくれます。私たちがそのように感じとって、この宇宙の秘密の下に神智学徒であろうとするとき、神智学そのものは、単に私たちの好奇心を満足させるものに留まるのではなく、それなしには生きていかれないようなものになることができるのです。そうできたとき初めて、私たちは正しい意味で、人間の魂の中に打ち建てられるべき、そして人間の上に広がることのできるあの偉大な建物の中の生きた礎石のひとつとなって生きるのです。

そのようにして神智学は、未来の人間に、そして私たち自身の魂に――その魂がまだ肉体の中に留まっているにせよ、すでに死から新しい誕生までの間にいるにせよ――向かって現れる世界諸現象のための幕開けなのです。私たちがまだ肉身のまま生きていようと、肉体をすでに脱ぎ捨てていようと、この大変革は私たちと深い関わりをもっています。私たちが死から新しい誕生までの間にこの大変革に結びつくことになるのだとしても、今の私たちはすでにこの地上にあって、肉身でこの出来事を理解しなければなりません。今この世でキリストを理解する人にとっては、キリストを見る瞬間が来るとき、自分がまだ生きているのか、それとも死の門をすでに通っているのかは、同じことなのですから。

しかし今、キリストの理解を拒む人は、この出来事がすでに死の門を通ったあとだとしたら、来世が来るまで待たなければなりません。なぜなら、死から誕生までの間には、理解のための基礎を身につけることができないからです。しかし、そのための基礎が獲得できていたなら、その基礎は存続し、死から新しい誕生までの間にもキリストに出会えます。ですから神智学は、物質生活のためにも学ぶだけでなく、死によって肉体を捨てたあとのためにも、価値をもっているのです。

私は今日、以上のことを人間を理解するために必要なこととしてお話ししました。今日の話はいろいろなご質問に答えるための論拠にもなります。私たちにとって自己認識がこんなに難しいのは、人間がそれほどまでに複雑な存在なのだからです。人間が複雑な存在であるのは、すべての高次の世界、高次の存在たちと関わりをもっているからです。私たちの内部に存在するものは、大宇宙の影の部分にすぎませんが、私たちの肉のからだは、私たちの肉体だけでなく、エーテル体、アストラル体、自我も、神的存在たちにとっては宇宙なのです。私たちにおける肉体、エーテル体、アストラル体、自我は、ひとつの宇宙です。もう一方の宇宙は、高次の天上世界ですが、高次の世界の神的＝霊的存在にとっては、人間の体の諸部分が、高次の神的＝霊的な世界なのです。そのように人間は、霊界の諸現実を映し出しているので、こんなに複雑なのです。

このことを、どうぞ人間としての誇りとして意識して下さい。私たちが像であるにすぎないとしても、私たちが自分の本来あるべき姿からどんなに遠くかけはなれているとしても、そのことの認識から、この認識の廻り道を通して、私たちは、人間としての尊厳だけでなく、大宇宙とその神々とに対してもつことのできる正しい謙虚さ、恭順をも身につけなければならないのです。

カルマにどう向き合うべきか

全二講

ウィーンにて

1912年2月8日、9日

Grundstimmung dem menschlichen Karma gegenüber

第一講

一九一二年二月八日

今回、二回の公開講演［二月六日「霊学から見た死と不死」、七日「霊学から見た永遠の本質と人間の魂の性質」いずれもウィーン］の最後に、かなりはっきりと申し上げましたが、神智学は人びとのために、理論であろうとしているのではないのです。単なる学問、通常の意味での認識であろうとしているのではなく、私たちの魂の中で単なる認識、単なる理論を生活そのものに、生活の活力に変化させることのできるものであろうとしているのです。ですから神智学は、何かを知るためのものであるだけでなく、なかんずく、日常生活の中で私たちの力になってくれるもの、この世の生活においても、死から新しい誕生までの身体から離れた状態においても、すべての生活のための力になってくれるものでなければなりません。

神智学が私たちの生きる励ましになってくれればくれるほど、私たちは神智学をより正しく理解できたと言えるのです。

しかし、こう言いますと、たぶん次のような疑問をもつ人が出てくるでしょう。——もしも神智学が私たちの生きがいを強めてくれるものであるべきだというのなら、なぜ私たちは理論的に表現されたあらゆる種類の認識内容を苦労して学ばなければいけないのか。私たちの地球紀に先行する惑星紀について、なぜ私たちの支部活動の中で、わざわざ頭を悩ませなければならないのか。なぜ遠い昔に生じた事柄を知らなければならないのか。なぜ輪廻転生のこまかい法則を学ばなければならないのか。

こういう事柄も、こんにち一般に言われている学問、科学と同じではないのか、と思う人もいるでしょう。

さて、こういう疑問に対しては、まず、すべての怠惰な態度を排除しなければなりません。私たちは注意深く、こういう疑問の中に安易な生き方から来るような何かが混ざってはいないかどうか、吟味しなければなりません。こういう言い方をするのを許していただきたいのですが、人間は本来、霊的な何かを学んだり、身につけたりするのが好きではないのです。そういうことは、あまり楽にはやれないからです。ですからまず、苦労して学びたくない、という気分でこういう疑問を出しているのかどうかを問わなければなりません。なぜなら私たちはつい、神智学が与える至高の問題を、例えば私たちの文献に述べられているものを読むときよりも、もっと楽な道の上で知ることができる、と思ってしまうのですから。実際、しばしば安易なやり方でこう主張されています。――人間は自分自身のことを知ればいい。善い人になろうと努めればいい。そうすれば、それだけで十分に神智学徒たりうる。

そうなのです。深い認識はまさにそのことを私たちに教えているのですが、善い人であろうとすることは、この世のもっとも困難な事柄のひとつなのです。ですから善い人であるという理想ほど準備が必要なものはない、といってもいいのです。

そして自己認識への問いについて言えば、この問いは多くの人が思いたがっているような、手のひらを返すようにして答えられるような問いではありません。ですから今日は、今述べたような安易さで語られるいくつかの問いを取り上げてみたいと思います。一見したところ教義であり、学問であるように思える神智学が、どのくらい私たちにとって教義であり、学問であるのでしょうか。とはいえ、神智学は、きわめてはっきりとまさに「自己認識」を求めています。そして「善い人になる努力」をしようとしています。ですからもちろんその場合、神智学がいかに人生の中に深く入っていくことができるかを、さまざまな観点から考察するのでなければなりません。

大きな人生の問いの中からひとつの特定の場合を取り出してみます。学問的な研究に関わる問いからではなく、毎日の日常生活がもたらす問いです。すなわち、あれこれのことで悩んでいるとき、あれこれの理由で人生に十分に満足をもって向き合うことができないとき、どんな慰めが可能なのか、という問いです。別の言い方をすれば、神智学は、困った人が慰めを必要としているとき、その人に慰めを与えることができるのでしょうか。

もちろん私たちは、それぞれ、こういう問いの答えを自分の特殊な場合にあてはめて見つけ出さなければなりません。多くの人に向かって語るときには、一般的な言い方しかすることができないのですから。

なぜ私たちは生活の中で慰めが必要なのでしょうか。あれこれのことで、つらくなるからです。私たちの人生は、悩み、苦しみに充ちています。もちろん私たちは、苦しみに対して、自分の内部の何かが拒否しなければならないかのように思っています。私たちは、なぜこんな苦しみに耐えなければならないのか、なぜこんな苦しみに遭うのか、と言うでしょう。いったい人生は、何の苦しみもなく、満足していられるような経過を辿ることができないのでしょうか。

そういう疑問をもつ人は、私たち人間のカルマの本性について、運命の本性についての認識を獲得するのでなければ、自分の人生に納得することはできないでしょう。いったいなぜ私たちはこの世で悩み、苦しむのでしょうか。悩みには外的な悩みもあれば、心の奥から立ち現れる内的な悩みもあります。私たちはいつも健康なのではなく、いつも肯定的な態度をとることができるわけでもありません。いったいなぜ人生は、私たちを満足させてくれない事柄を伴っているのでしょうか。

カルマの法則をふまえるなら、私たちの苦悩の根底に、次の例に示されているような事柄が存在していることに気がつきます。──何度かお話しした例なのですが、誰かが一八歳のときまで、父親の庇護の下で生きていました。そして楽しく、喜びに充ちた日々を過ごしていました。何ひとつ不満はありません。しかし、父親は或るとき財産を失い、破産してしまいました。若者は仕事を得るのに必要なことを学ばねばならなくなり、苦労して仕事を見つけなければなりません。人生が初めて苦しみと欠乏を彼に与えたのです。この若者が自分の身にふりかかってきた苦しみに共感をもてなかったことは、容易に想像できます。

さて、この若者は五〇歳になりました。彼は一八歳から学ばなければならなかったことを通して、自立した一人前のおとなになっていました。人生にしっかりと向き合い、こう語れるようになったのです──「当時、私が自分の苦しみに対して抱いていた思いは、当時の時点では当然のことだった。けれど、今の私は別の考え方をしている。苦悩が自己満足に浸っていた当時の私を襲わなかったら、私は一生役立たずで終わってしまっただろう、と。苦悩は不完全な私をより完全な状態へ導いてくれた。今の私が四〇年前と別人になれたことを、私は苦悩に感謝している。いったいあのとき何が私の身に起きたのか。当時、私の不完全な状態と私の苦悩とが出合った。私の不完全な状態がいわば私の苦悩を求めた。苦悩によって自分の不完全な状態からより完全な状態へ移れるように、求めたのだ」。

こういう考察は、ごく日常的な生活の中でも生じるのです。生と死を含んだ人間の全体としての生き方に眼を向け、私たちのカルマをこういう仕方で、特に一昨日の講義で述べたような仕方で考察するなら、私たちが遭遇するすべての悩み、苦しみが私たちの不完全さによって求められているのだ、と思わずにはいられなくなるのです。しかも、たいていの苦しみ、悩みは、前世から持ち込んだ不完全さによって求められているのです。私たちの内部にこの不完全さがあるおかげで、いつもの私たちよりももっと賢い、私たちの内なる存在が苦悩への道を求めるのです。実際、人間の黄金律とは、私たちはみんな、私たちの内に、いつもの私たちよりももっと賢い、はるかに賢い存在を担っているのを知ることなのです。実際、いつもの私が「私」と言うときの私は、あまり賢くありません。この「あまり賢くない存在」は、苦悩を求めるか、快楽を求めるか、その決定を委ねられたら、快楽への道を選ぶでしょう。

より賢い存在は私たちの潜在意識の中にいるので、私たちの意識がその存在のところにまで降りていくことはできません。この存在は、軽やかな楽しみへの展望を遮り、それとは知らずに、苦悩への道を辿らせるという魔術的な力を私たちの中に点火するのです。しかし、「それとは知らずに」とはどういう意味でしょうか。私たちの中のより賢い存在が、あまり賢くない存在を支配して、私たちの不完全さを苦悩へ導き、すべての内的、外的な悩みでもって不完全さを克服し、私たちがもっと完全な存在になるようにしてくれている、という意味です。

私たちはこういう事柄を頭で理解することもできますが、それではあまり役に立ちません。大切なのは、人生の或る祝祭的な瞬間を求めることです。そのときに、このような人生の秘密を、全力を尽くして魂の生活内容にしようとするのです。日常生活の中で仕事をし、ゆとりを失って義務を果たすことに追われているときには、私たちの中の「あまり賢くない人間」に頼らなければなりません。しかし、人生の祝祭的な瞬間が見つけ出せるなら――そのときがどんなに短くてもかまいません――、そのとき私たちはこう言うことができるのです――「外の一切の騒がしさ、私もその一端を担っている騒がしさから、一度離れてみよう。自分の悩み、苦しみに対しては、私の中のより賢い存在が魔術的な力でその悩み、苦しみに引きつけられている、と感じてみよう。そして、それなしでは不完全さを克服できないであろうような苦悩を私が私自身に課したのだ、と考えてみよう。そうすれば、『世界が苦悩に充ちているとき、その世界は叡智にも充ちている』という聖なる叡智の言葉が私たちの心を充たしてくれるであろう」。

皆さん、神智学の人生に対する貢献は、こういう仕方で認識を深めるようにと訴えかけることなのです。

社会生活をいとなむときの私たちは、こういうことを忘れています。けれどもそれを忘れずに、何度でも心にしっかりと受けとめるとき、何か種のようなものが私たちの魂の中に置かれ、私たちの内にあるつらい感情、弱ってしまった気分が明るい生き方に、力に、確かな感情に変わるのが分かってきます。人生のこういう祝祭的な瞬間から受けとれるのは、私たちが調和的な魂となり、力強い人間となって生きられるようになることなのです。

けれども神智学徒は、苦悩に際して、自分の魂の中に慰めの瞬間を見出せたとき初めて、このような生き方をつくり出せるはずなのですが、私たちはここで別なことも付け加えておきたいのです。すなわち、人生における喜びの側面にも眼を向けよう、ということです。

とらわれることなく自分の運命に向き合い、苦悩を自分が求めた結果だと思える人にとって、自分の快と喜びを考察するとき、何か独特の体験が生じます。苦悩に対するときのようには対処できないのです。苦悩の中に慰めを見出すことはできますが――それを疑う人は実際に試みて下さい――、快と喜びと折り合いをつけるのは、けっこう難しいことなのです。

自分が苦悩を望んだのだ、という思いをもつことはできます。けれども、快と喜びに対しては、むしろ恥ずかしさが先に立つのではないでしょうか。本当に羞恥心におそわれます。そして、この羞恥心をのりこえるには、「いや、この快と喜びは、私のカルマの結果ではない」、と言えなければならないのです。

これが唯一の救済手段です。なぜなら、そうでないと、恥ずかしさをどんどん増幅させていって、魂をだめにしてしまいかねないからです。唯一の救済手段は、自分の中の賢い存在に、自分が喜びに駆り立てられたのだ、と思わせないことなのです。そうすれば、羞恥心が消えて、正しい道を進んでいる、と思えるのです。

人生における快や喜びは、賢い宇宙の導きが、私たちの働きとは無関係に、私たちに与えてくれたものなのだ、と思えるのです。私たちはそういう快と喜びを恩寵として受けとることができます。宇宙の導きが、私たちを宇宙全体の中に組み入れるために、そういう恩寵を与えてくれたのです。人生の祝祭的な瞬間に、孤独な時間に、快と喜びが私たちに働きかけてくれたとき、私たちはそれを恩寵として受けとるのです。その恩寵は、私たちをいわば自分の中に埋め込もうとする宇宙の全能者の恩寵なのです。

私たちは、苦悩を通して、私たち自身に到ります。そして私たち自身をより完全なものにするのです。けれども快と喜びを通して――しかし、恩寵と感じられたときのことですが――、私たちは宇宙の神的な力や働きの中にいる、という浄福感をもつことができるのです。

快と喜びに対する唯一の正しい心の持ち方は、感謝の念です。自己を認識する孤独な時間に、快と喜びを自分のカルマに関係づけるなら、決して正しい態度とはいえません。自分のカルマによって快と喜びが生じたのだと思う人は、私たちの内なる霊的なものを弱め、麻痺させてしまいます。快と喜びがご褒美だと思うなら、そういう考え方は私たちの心を弱め、麻痺させるのです。

こういう言い方を厳しすぎると思う人がいるかもしれません。自分の苦しみを自分の望んだものだと思うとき、自分の快と喜びの原因も自分にある、と思ってしまうでしょうから。けれども、人生を見る通常の眼も、快や喜びが何か大切なものを抹消するような働きをするのを知っています。快や喜びのこの抹消する働きのことを何よりもはっきりと語っているのは、『ファウスト』の言葉です。そこには、人間生活における快と喜びの麻痺させる働きを次のように述べているのです——「私はふらつきながら、欲望から享受へ向かう。そして、享受しながらまた欲望を求め続ける」。

快の影響について少しでも考えてみれば、快が私たちの人生を千鳥足で歩かせ、そして私たちの自己存在を抹消しようとする、と思わずにはいられないのです。

こう言ったからといって、快に反対する説教をするつもりなど少しもありません。禁欲や苦行を勧めるつもりもありません。事柄を正しく認識するということは、それを避けることを意味しません。避けるのではなく、向かってくるものを心静かに受けとるのです。しかし、私たちはこういう事柄を、恩寵として受けとろうとする気持ちを大切にしなければなりません。それができればできるほどよいのです。なぜなら、そうできればできるほど、私たちは神的なものの中へ入っていけるのですから。ですから苦行をしろ、というのではなく、快と喜びに対して正しい心の持ち方をするように、というのです。

快と喜びは心を麻痺させ、抹消する。だから快や喜びを避けよ、と言うのは、神々からの贈りものである恩寵の前から逃げろ、ということになってしまいます。それは禁欲、苦行の間違った理想にすぎません。そもそも禁欲主義者、僧と尼僧の苦行は、神々に対する絶えざる反抗なのです。私たちにふさわしいのは、苦悩を自分のカルマの結果であると感じ、喜びが恩寵であり、神的存在が私たちのところに降りてきてくれたことなのだ、と感じることなのです。神がどれほど私たちを自分のすぐ傍まで引き寄せてくれたかを示すしるしが快と喜びなのです。そして、私たちが神々からどれほど離れているかを示すしるしが苦と痛みなのです。

このことはカルマに対する基本的な心の持ち方を教えています。そしてこの基本的な心の持ち方なしには、人生において前進することはできません。私たちは世界が私たちに与えてくれる善きもの、美しきものに接して、この世界の背後に神的な諸威力が立っている、と感じなければなりません。聖書はこの神的諸威力について、こう述べています。――そして、彼らは世界が善い、美しいものであると見た、と。

けれども私たちが苦しみ、痛みを感じることができる限り、私たちは人間が輪廻転生の過程で、はじめは善き、美しきものだった世界から創り出されたこと、人間がこの苦しみ、痛みを進んで受けとることによって、自らを改善しなければならないことを認めなければなりません。

さて、以上に述べたことは、私たちのカルマを受け容れるときの二つのやり方にすぎません。

たしかに私たちのカルマは、ある意味では、苦しみと喜びとから成り立っています。私たちがこの苦しみと喜びとに対して、正しい仕方で向き合うことができるとき、正しい意志をもって、私たちは自分のカルマに向き合っています。けれども、私たちはその態度をもっともっと拡げていくことができます。その意味で私たちがどのようにカルマに向き合うことができるかを、今日と明日の考察でさらにお話ししようと思います。

私たちのカルマは、私たちの人生にとってつらい、そして楽しい事柄だけをあらわしているのではありません。私たちは人生の中で、カルマ的な結びつきをもった多くの人たちにも出会います。そういう人たちと一時的な出会いをすることもあるし、親族や友人として長いつき合いをすることもあります。私たちに苦しみを与える人とも出会いますし、私たちを励ましてくれる人とも出会います。いろいろな人とありとあらゆる関係を結んでいます。人生のそういう事実に対して、神智学の意味で、一昨日お話ししたように、カルマを実りあるものにするのでしたら、私たちは自分の内にいるより賢い存在と一緒に、一見私たちの進路を妨げている人をも求めていたのだということを知らなければなりません。

いったい私たちの内にいる、より賢い存在は、私たちがあれこれの人間と出会うとき、ただ出会うことだけを求めているのでしょうか。いったい、どうして出会うことを求めているのでしょうか。もっとも分かりやすい考え方はこうです。――私たちが他の人との出会いを求めるのは、その人とすでに出会ったことがあったからだ。そういうことが以前すでに始まっていたからだ、と。

そういうことが、以前の人生の中にあったのかもしれませんし、もっとずっと以前の人生の中にあったのかもしれません。私たちが前世において、またはそれ以前の人生において、当の人物とあれこれのことをやったのかもしれません。あるいは私たちがあれこれの仕方で迷惑をかけてしまったのかもしれません。それで、このより賢い存在は、私たちをこの人物と出会わせたのです。魔術的な力が当の人物へ私たちを導いたのです。

こういう事柄は非常に多様で、さまざまに枝分かれしていますから、今は一般的な言い方しかできません。けれどもここでは、見霊的な研究によって知ることができた事柄だけを述べようと思います。そのほうが役に立つと思います。なぜなら、その場合は事柄を特殊化して、自分自身の人生に適用することができるでしょうから。

ある注目すべき事実が見えてくるのです。私たちはみんな人生の半ばに、上昇線と下降線とが交叉する時期を体験します。青春時代の力がすべて外へ出てきて、ある頂点を通過し、それからふたたび下降線に移るのです。三〇代に起こる、そういう時点は、一般化して言うことではありませんけれども、私たちの誰にでもあてはまることです。そしてそういう時点は、私たちが地上の生活にもっとも集中している時点です。私たちはこの点で、錯覚に陥ることがよくあります。皆さんにはきっとお分かりになると思いますが、子どもの頃からいつもあったものは、たとえますます弱くなっていくとしても、主として私たちがこの世に持ち込んだ事柄なのです。私たちは自分の中からそれを取り出して、私たちの人生を築いてきたのです。ですから私たちはいつでも霊界から持ち込んだ力を消費してきたのです。

私たちが今述べた時点に入る頃になると、この力は使い果たされています。そしてそれからの下降線を考察しますと、私たちがこの世の人生学校で学んだ事柄を積み重ね、消化して、次の人生（来世）の中に持ち込むのです。私たちはそれを霊界の中へ持ち込むのです。以前の私たちは、取り出してきました。そのときの私たちはこの物質界に強く結びつこうとして生きています。外から働きかけてくるものと密接に関わっています。そのときの私たちは、いわば教養時代を通過して、人生に直接向き合って、人生に通じる人にならなければならないのです。自分自身と向き合い、外界の諸事情にも通じるようにならなければならないのです。

しかし、世界との関わりをもつのは、知性であり、知性に由来する意志衝動ですが、そういう私たちの魂の働きは、霊界とはもっとも無縁なものです。人生の半ばに立つ私たちは、そういう魂の力と共に霊的なものともっとも遠いところにいるのです。

さて、神秘学によって、ひとつの注目すべき事実が明らかになります。人生の半ばに他の人たちとどのように出会うのかを調べますと、奇妙なことに前世の、もしくはもっと前の前世の幼少期に一緒だった人たちと出会うのです。実際、概して、常にではありませんが、私たちは人生の半ばになると、なんらかのカルマの外的事情によって、かつてまさに親だった人と出会うのです。かつて自分の親であった人と、今世において幼少の頃一緒にいることはめったにないのです。人生の半ばに出会うのです。奇妙に思われるかもしれませんが、そうなのです。

人生のこういうルールを一度、自分の場合にあてはめて考えてみて下さい。きっと生きる上で非常に役に立ってくれるはずです。例えば、三〇歳になった人が他の誰かとなんらかの関係ができたとします。誰かを好きになったり、友情を結んだり、喧嘩をしたときなど、まずためしに、私たちがこの人とかつて子と親の関係にあったと考えてみると、多くのことがよく分かってくるのです。

それとは逆に、別の極めて注目すべき事実も明らかになります。まさに幼少の時に一緒だった人たち、両親、兄弟姉妹、遊び友だちその他の身近かな人たちは、概して前世、もしくはもっと以前の人生で、当時三〇歳の頃に親しくしていた人たちだったのです。そういう人が現世において親や兄弟姉妹となっていることがよくあるのです。

奇妙に思えるかもしれませんが、どうか自分の人生にあてはめて考えてみて下さい。問題をこのような仕方で考察してみると、人生がとても明るく見えてくるのが分かるでしょう。もしも自分の場合にはあてはまらないとしたら、そういう間違った試みにはあまり意味がないでしょう。けれども、孤独な時間に人生を考察して、このことから意味を取り出せるなら、そのことは非常に役立ってくれるはずです。

ただ人生に適当な折合いをつけようとしてはなりません。自分の気に入った人、一度親になってもらいたかったような人を捜し出して当てはめるのはよくありません。なんらかの先入見によって事柄に間違った照明を当ててはなりません。この点に危険があること、無数の先入見が私たちに影響しようと待ちかまえていることにも注意を向けて下さい。こういう難問題に対して先入見をもたずに向き合うように努めるだけでも、非常に意味があります。

そこで皆さんは私にこう質問なさるでしょう。下降線を辿る人生の場合はどうなのか、と。私たちは人生の始めに、かつて人生半ばで知り合った人たちと出会います。そして今、人生の半ばで、かつての人生の始めに出会っていた人たちと出会います。それでは、人生の後半期ではどうなのでしょうか。

その時期に出会う人たちは、たぶん前世において大切な何かを共有した人だったでしょう。または、まだ決着のついていない何かを共有していた人たちでしょう。その人たちは、前世において、私たちと何かを共有していました。人生の何らかの決定的な出来事、例えば、ひどい幻滅という試煉に遭遇するような、人生においてしばしば経験させられる出来事を共有していたのです。そういう場合、人生の後半期に、なんらかの仕方ですでに私たちと結びついていた人たちと出会うのです。そのようにして、推移した状況の中で、かつての原因が決着を見るのです。

このことは事柄を多様化させますので、あまり型にはまった考え方をしないように、私たちを戒めてくれます。しかし、特に人生の後半期には、私たちのカルマが一回限りの人生では決着のつかなかった人びととの出会いが生じるでしょう。

私たちが誰かの心を傷つけたとします。すぐに考えてしまうのは、次の人生でこの誰かと再会し、私たちの中のより賢い存在が自分の犯した行為を清算するように促してくれる、ということです。けれども、私たちの人生は、過去のすべてを清算してくれるとは限りません。その一部分だけしか清算しないほうが多いのです。ですからどうしても、事柄が複雑になり、カルマのあとに残された残部が人生の後半期になって清算される場合が多くなるのです。私たちのカルマを考えるのでしたら、このようにして、ほかの人たちとの出会いや交流に光を当てなければならないのです。

けれども、私たちのカルマの経過においては、もうひとつ別な事柄をも考察しなければなりません。それは、この前の二回の公開講演で述べたことですが、私たちの人生経験を豊かにして身につける、ということです。この言葉に不遜なひびきがあるとしても、こう言わなければなりません。――つまり、私たちはもっと賢者にならなければならないのです。

私たちは過ちを犯すことで、もっと賢くなることができます。そして、私たちにとってもっともいいのは、自分の過ちに気づくたびに、より賢くなることなのです。なぜなら私たちはこの人生において、叡智を働かせる機会は、そう多くはないからです。ですから過ちを犯すことで学習することが、その後の人生にとっての大きな力になるのです。それではいったい叡智を働かせ、人生経験を積むことで、何が学べるのでしょうか。

昨日お話ししたように、私たちは自分の思い、自分の考えをこの人生から次の人生へ直接持っていくことはできません。そのとき申し上げたように、プラトンでさえ、自分の魂のもろもろの思い、考えを次の人生の中に直接持ち込むことができませんでした。意志や心情なら来世まで持っていくことができますが、私たちの言語のような、本来の思考内容、イメージ内容は、どの人生においても新たに身につけなければならないのです。

私たちの思考内容の大部分は、言語によって身につけることができます。生まれてから死ぬまでの人生が提供してくれる思考内容は、本来いつでも生まれてから死ぬまでの人生のものなのです。ですから、私たちがどれほど多くの転生を繰り返してきたとしても、私たちが受容する思考内容はすべて、その時どきの人生においてしか存在しないのです。私たちが体得している思考の叡智は、いつでも外から受けとったものです。このことは、どんなカルマが私たちを現在の私たちの言語、民族、家族の中に組み入れたのかによることなのです。私たちが思考内容の中で知ることのできる世界は、私たちのカルマに依存しているのです。

これはとても問題になる発言です。私たちが人生の中で知ることのできるすべて、私たちの獲得できる認識のすべてが、極めて個人的なものであり、私たちは、人生の中で獲得できるものによっては、決して個人のレヴェルを超えられない、と言っているのですから。

私たちは地上の人生において、自分の中のより優れている存在のところにまで到ることは決してありません。いつでももっと優れていない存在のところに留まっているのです。もしも誰かが自分は高次の自己のことを自分だけでも、この世で獲得できるものだけでも知ることができる、と思い込んでいるなら、その人は思い込みで、正しくない何かを心に思い描いているのです。自分の高次の自己については、この人生で獲得するものによっては、何も知ることができないのです。

それではいったい私たちの高次の自己のことを、どうすれば知ることができるのでしょうか。どうすればそういう認識に達しうるのでしょうか。

私たちは単純にこう問わなければなりません。私たちはいったい全体、何を知っているのだろうか。

私たちは、まず第一に、経験によって知りうることを知っています。けれども、それだけなのです。それ以上のことは何も知らないのです。自分自身のことを知りたいと思いながら、自分の魂の中には外界を映し出す鏡しか存在しないのです。このことを知らない人は、自分の中に没頭することで自分の高次の自己に出会える、と言いつのるでしょう。たしかに何かに出会うでしょうが、それは外から入ってきた何かでしかないのです。この安易な道の上では、本当の自分に出会えません。出会えるためには、別の諸世界で生じる事柄に眼を向けなければなりません。私たちの高次の自己は、この別の諸世界に存在しているのですから。そして、神智学が私たちに語る事柄、地球のさまざまな転生その他いろいろな事柄が、この別の諸世界に存在しているのです。外なる環境の中での子どもの魂を調べて、子どもは自分の周囲に何を持っているのか、と問うときのように、私たちはこう問わなければなりません。——高次の自己は自分の周囲に何を持っているのか、と。

しかし、私たちの高次の自己の存在する諸世界については、私たちは神智学を通して、土星紀その他の秘密について、輪廻転生について、神界（デヴァハン）とカマロカなどなどについて学んできました。もっぱらそのような知識を通して、私たちは高次の自己について、物質界を超えている私たちの自己について考えることができました。そしてこの秘密に従おうとしない人に対しては、次のように言うしかないのです——「お前は自分に媚びへつらって、うまいものを手に入れようとしている。どうしようもない悪がきだ」。

実際、人は自分の魂に媚びへつらっているのです。だから「お前の内面に眼を向けよ。そうすればお前の内なる神人に出会えるだろう」、などと言えるのです。

けれどもそのとき見出せるのは、外から得た体験内容を内部に貯えてきたものだけなのです。神人を自分の中に見出そうとするのなら、この世界以外のところから来て、魂の中に映し出されるものを、自分の中に探し求めなければなりません。そういう見出すのに苦労するすべてを、まさに自己認識を求めなければなりません。

真の神智学は、真の自己認識なのです。神智学を学ぶということは、私たちの自己についての解明を学ぶことなのです。いったいこの自己はどこにあるのでしょうか。私たちの皮膚の内部にあるのでしょうか。違います。全宇宙に注ぎ込まれているのです。そして宇宙の中にあるものは、私たちの自己と結びついているのです。そして宇宙の中にあったものも、私たちの自己と結びついているのです。

神智学は一見いろいろな理論であるように見えますが、自己認識への道でしかないのです。神智学に反して自分の内部を凝視することだけで自己を見出そうとする人は、「お前は善き人でなければならない。無私の態度をとらなければならない」、と言います。その通りです。立派です。しかし、そういう人は、ますますエゴイストになっていくでしょう。

これに反して、偉大な存在の秘密をめぐって悪戦苦闘する人、自分自身に媚びへつらう個人的な自己から身を引き離す人、高次の諸世界の認識に没頭する人、そういう人こそ、真の自己認識に到るのです。私たちは、土星紀、太陽紀、月紀に思いをひそめることで、宇宙思考の中で自分のことを忘れています。「お前の思考の中に宇宙思想が生きている」、と神智学的に思考する魂がみずからに語りかけるとき、さらにこう付け加えるのです——「宇宙思想の中にお前を失え」、と。

　神智学から叡智を汲みとる魂は、みずからにこう語るのです——「お前の感情の中に宇宙の諸力が働いている」、と。しかし、その魂は同時にこうも言います——「宇宙の諸力の中でお前を体験せよ」、と。媚びへつらう宇宙諸力の中で、ではありません。眼を閉じたまま、「私は善人でありたい」、とつぶやく人ではなく、眼を開け、霊眼も開いて、外で宇宙諸力が働くのを見、そしてこの宇宙諸力の中に自分も組み込まれている、と思える人が、真の自己認識を体験するのです。同様に強さを神智学から汲みとる魂は、みずからにこう語ります——「お前の意志の中に、宇宙存在たちが働いている」、と。そして、すぐにこう付け加えます。「お前を意志存在たちから創り出せ」、と。自己認識をこのように理解するなら、そうすることができるでしょう。そうできたとき、私たちは自分を宇宙存在たちによって創り変えるのです。

　こういう言い方は、一見したところ、乾燥しており、抽象的です。しかし本当は単なる理論ではなく、大地に埋まった種子のように、生き、そして成長する生命の力なのです。そして、成長力を四方八方へひろげて、葉になり、樹木になるのです。私たちは神智学から受けとる感情の力で、私たちを創り変えます――「意志の存在たちからお前を創り出せ」、なのです。

こうして神智学は生命の霊薬になるのです。そのとき私たちは、眼差しを霊界にまでひろげ、霊界から力を吸収し、その得た力を私たちの中へ導き入れ、そうすることで私たちの深みの中にみずからを認識するのです。宇宙認識を私たちの中に注ぎ込むとき初めて私たちはみずからを理解します。そして次第に、境域の守護霊から切り離されたあまり賢くない存在からより賢い存在になっていきます。そのときの私たちは、まだ強い存在であろうとしない人には隠されておりながら、そういう人でもまさに神智学によって獲得することのできるすべてを通して、さらに先へ進んでいくのです。

第二講

一九一二年二月九日

昨日述べた考察の中で、一点だけ誤解を避けたいところがあります。今日、ある人と話をしたとき、この点が誤解されやすいことに気がついたのです。カルマの内密な事柄に関しては、もちろん言葉にすることが困難ですから、初めて申し上げる事柄の中には、はっきり理解しにくいことも出てきます。

昨日は私たちの苦悩について取り上げ、私たちの中のより賢い存在が或る種の不完全さ（欠点）を克服するために、苦悩することを私たちに求めている、と申し上げました。そして、心を落ち着かせて、苦しみに耐えようとするとき、そういう態度によって、私たちは道をさらに先へ進んでいける、と申し上げました。しかし誤解されやすいのは、このことではありません。私たちが反対に、快や喜びを、個人のカルマとは関わりなく、私たちの業績とは関わりなく、そのまま受けとるときのことです。私たちは快や喜びをむしろ一種の恩寵とみなすべきだ、と申し上げました。私たちはそういう恩寵を通して全能なる霊と結びつくのですから。

どうぞこの場合、喜びや快が神的、霊的な威力の贈りものである、ということを強調しないでいただきたいのです。大切なのは、カルマを理解するには、こうした事柄は恩寵によって与えられる、ということを忘れないことです。つまり、喜びや快は恩寵のように私たちの上に注がれるのです。神々が自分のことを他の人よりも優れていると思われたから、喜びや快をカルマとして与えてくれたと考えたい人は、反対のところへ行ってしまいます。私たちは、神々が他の人々からわざわざ私たちを選び出して快や喜びを与えて下さったのだ、と考えるのは、許されないことなのです。私たちが神霊存在たちの恩寵を感じとることができるために、そのためのきっかけとして快や喜びが与えられたのだ、と思わなければならないのです。

ですから、恩寵を受けていると自覚することが、進歩の第一の証しなのです。他のことは本質的に私たちの進歩に反してしまいます。人間は自分のカルマが特別優位にあるので、快や喜びをもつことができた、と思ってはなりません。何も優れたところがないからこそ、恩寵を受けることができた、と思うべきなのです。

そのとき大切なのは、慈悲の行為をめざすことです。この行為は、苦悩を受けているときよりも、喜びや楽しみを受けているときのほうが、より容易になしうるでしょうから。恩寵に応えたいという思いは、私たちを前進させてくれます。ですから喜びに充ちた生活、ゆたかな生活を、カルマの結果である、という多くの人の考えは、正しくないのです。そう考えることは、まさに避けるべきなのです。どうぞ以上のことを、誤解を避けるためのひとつの示唆であると思って下さい。

さて、今日は、自由な仕方でカルマについての私たちの考察をさらにひろげていこうと思います。カルマを私たちのこの世の体験に結びつけることで、神智学をもっともっと私たちの生活力（生命力）にしたいのです。

私たちは自分の人生を二種類の体験に分けることができます。なんらかの不幸に襲われたとします。または、あれこれの出来事に遭遇したとします。不幸な目に遭ったときのことを考えてみましょう。そのときはたぶんこう考えるのではないでしょうか。——このことに対して、もしもいい加減な態度をとらずにいたら、またはもっと注意深かったなら、こんな不幸な目に遭わずに済んだだろう、と。

けれども、私たちのいつもの意識の手段では、必ずしもそういう考え方には到りません。むしろ多くの場合、その不幸と私たちの現在の生活内容とになんらかの関連があるとは、どうしても思えないでしょう。ですから、通常の意識手段では、こう言うしかないのです。——こんなことが起こったのは偶然だ、どこにも関連など見当たらない。

私たちは日常体験する事柄、出会ったり出会わなかったりする事柄に関してひとつの区別を立てることができるでしょう。私たちを不幸にする事柄に際して、自分の不注意もしくは怠惰のゆえにそうなった、と納得できるときもあるでしょうが、別の事柄に際しては、自分の能力ではどうしても関連を洞察することができなかった、と思わざるをえないときもあるでしょう。ですから、一度こういう観点から自分の体験したことをふり返ってみて、二つの場合に分けてみることも役に立ちます。すなわち、自分はそれにまったく責任がないのに不幸な目に遭わなければならなかった、と思えるような場合と、こんなにうまくいくとは思わなかった、と思えるような場合とをです。

私たちはこの二つの場合を考えてみようと思います。ひとつは偶然のように身にふりかかってくる事柄です。その場合は、納得のいくような原因を見つけることができません。もうひとつは私たちの能力以上のことをやってしまったような場合です。こういう場合を取り上げて、問題を掘り下げてみようと思います。

そこで私たちは、身にふりかかってきた事柄に対して、自分がそれを望んだのだ、と試しに考えてみようと思います。自分の意志がそれを望んだのだと思うのです。例えば、屋根から瓦が一個はがれ落ちて、たまたまそれが自分の肩にぶつかった、としましょう。そのとき、瓦が私たちの肩に落ちてきたのは、偶然ではなかった、と考えてみるのです。そしてこう考えてみます。――自分が屋根の上にいたときに、瓦をずらしてしまい、その瓦がちょうど自分がその下に来たときにすべり落ちて、自分を直撃した、と考えるのです。または特に理由もないのに、風邪をひいてしまったようなとき、それを自分でやってしまったことのように考えるのです。そういう考え方は、自分の運命に満足できず、わざと風邪をひいて、その結果死んでしまったという、ある不幸な女性の話を思い起こさせます。

偶然としか思えないような事柄を、まるで慎重に自分が仕組んだことのように思ってみて下さい。同じことは、私たちの能力や特質にもあてはめることができます。例えば、何かが私たちを不幸にしたとします。例えば、予定の列車に乗りおくれて、ひどい目に遭ったとします。どんな事情で乗りおくれたのかを問題にするのではなく、私たちの不手際によって、乗りおくれた、と考えるのです。この不手際のことをよく考えてみるのです。そうすると、次第にこの考えの中から、一種の人間を想像によってつくり出すことができます。以上のような場合のすべての主役になる人間です。瓦が私たちの肩に落ちてくるときも、あれこれの病気にかかるときもです。

もちろん私たちは、自分がそういう人物だとは思っていません。しかし、そういう人間をできるだけはっきりと心に思い描くのです。そうすると、非常に独特な経験をするでしょう。しばらくの間は、もちろん自分はそんなことをしていない、と思うでしょう。そういう人間は、夢想の産物なのですから。けれども、次第にもはやこの想像上の人間から離れられなくなるのです。そして奇妙なことに、この人間は同じままで居続けることがないのです。この人間は、私たちの中で生き始め、私たちの中で変容し始めます。そしてこの人間が、まるで私たちの中に平気で居続けているかのような印象をもつのです。そしてそれによって、私たちは奇妙なことに、ますます確信するようになります。――私たちが今ここで描き出したような事柄は私たち自身が用意したものにちがいない、と。

つまり、私たちが実際に自分で直接やったというのではありませんが、このことは私たちのやったことに応じている、と思うようになるのです。いわば、こういうように思うのです。――私が今悩んでいることを、かつても悩んだことがあった、と。このことは、私たちのこれまでの転生の一種の心情記憶を甦らせるのに非常によい練習になるのです。私はかつてそこにいて、そのことを用意していた、と感じることができるような何かが、この練習によって私たちの魂に与えられるのです。

きっと分かって下さると思いますが、前世の記憶を取り戻すというのは、決して容易なことではありません。そのことの難しさは、今、度忘れしてしまったことを思い出すだけでも大変だということを考えれば、すぐ分かります。私たちは一種の思い出す作業をしなければならないのですが、人間は、基本的に、前世で体験したことをきれいに忘れてしまっているのです。ですから記憶をとり戻すのに必要なことを、努力してやってみなければなりません。以上に述べたことは、そのような練習のひとつです。公開講演でこれまで述べてきた事柄のほかに、ここで述べたいのは、「私はこのことを以前自分で用意してきた」、ということを心情で思い出すやり方についてなのです。

こういうやり方をどうぞ大切にして下さい。実際、こういうやり方によって、ますます人生が明るくなっていきますし、生きる力がますます強められるでしょうから。私たちは一度このことを試み、そして「私がかつて生きていたときに、このことを自分でやっていた」、ということを感情として体験できるなら、私たちの出会うであろう未来の出来事に対して、まったく違った仕方で向き合うことができるようになるでしょう。

それによって私たちの心情全体が在り方を変化させます。それまではたぶん恐怖のような感情をもって事柄に遭遇したでしょうが、今は一種の思い出の感情をもって事柄に向き合うでしょう。なんらかの事件が起こったとき、「ああ、こうなったのは、このこと、またはあのことのためだ」、と言える心情をもてるようになるのです。

そう言わせるのは前世の思い出なのです。こういう心情をもつことによって、人生はますます透明になり、得心できるものになります。これは人びとにとって、神智学への憧れをもった人びとだけでなく、外に立っている人びとにとっても、必要なことなのです。ですから、多くの人が言いたがる口実、「思い出すことのできないような前世のことなど何の意味があるのか」、は通用しません。私たちがこの地上生活において思い出そうと努めるなら、必ず前世を想起できるのです。ただそのときはイメージや概念による想起ではなく、心情による想起でなければならないのです。

私たちにとって関心があるのは、特にこの地上生活において、多くの事柄を実際生活に生かせるように配慮することです。ですから神智学を実践し、神智学を体験するとき、感情を働かせることが大切なのです。

さて、人間にとって、カルマとの関連で大切なのは、前世での生活だけではありません。死から新しい誕生までの生の在り方も大切です。死後の生活は事件のない、退屈な生活なのではなく、多くの出来事を経験します。豊かな体験を伴った生活なのです。そして、そのときの霊界での体験の結果もまた、私たちの地上生活の中に働きを及ぼしています。ただそのときの働きは独特です。つまり、この世でまさにそのような働きを受けるとき、偶然だ、と言いたくなるような出来事としてそれを受けとることがよくあるのです。私たちはこの世の出来事を死後の世界で体験した重要な出来事にまで遡らせることができるのです。

だからこそ今日は皆さんに、私たちの考察の第一部とは一見かけはなれているように思える事柄を述べたのです。そのことから皆さんは、こういう事柄がすべての人にとっていかに重要であるか、人生における一見偶然生じたような事柄を本来どのように評価したらいいのか、そういう事柄が人生の秘密に充ちた関連の中でどれくらい深い意味をもっているか、きっと分かって下さると思います。

そこでひとつの歴史上の事実に眼を向けたいのですが、この事実は歴史書には出ていません。アカシャ年代記に遺されているのです。私たちの現在の魂のすべては、繰り返しさまざまな地上の状況の中に受肉してきましたね。古インド期、ペルシア期、エジプト期、ギリシア期に受肉してきました。私たちはそのつど別の状況を見てきました。別の状況を生きながら輪廻転生を繰り返してきました。もしもこういうさまざまな事柄を体験してこなかったら、私たちは今の人生を今のように過ごすことはできなかったでしょう。

一二世紀、一三世紀を生きた私たちの魂は、まったく特別のことを体験しました。その当時、人類にまったく特別の状況が生じたのです。それは、いってみれば、まだ七〇〇年たらず前のことでした。その当時、人間の魂は、霊界からまったく閉ざされていたのです。霊的な闇がその時代を覆ったのです。もっとも先へ進んだ魂たちでさえ、霊界と直接結びつくことは不可能でした。前世において秘儀参入者であった人たちといえども、一三世紀においては、霊界を見ることができませんでした。

この世紀に霊界の扉がかたく閉ざされたのです。そして、前世において秘儀に参入した人たちは、かつての秘儀参入を思い出すことはできましたが、一三世紀において自分で霊界を見ることができませんでした。人類は、一度この奈落を通過しなければならなかったのです。霊界への門が閉じられていることを知らなければなりませんでした。

もちろん、その当時も霊的に進化した人たちがいましたが、その人たちは、一三世紀中葉における闇の状態を共に体験しなければなりませんでした。この状態は、一三世紀中葉の頃に終わりました。そして、ヨーロッパの或る地方で或る独特な事情が生じました。その場所がどこだったのかは今申し上げられませんが、いつか支部での秘教講義の中でお知らせすることができるでしょう。

見霊生活におけるこの暗闇の状態の中で、特別の仕方で霊的な進化を遂げた一二人の傑出したヨーロッパの賢人たちが現れました。この一二人の偉大なヨーロッパの賢人のことを知ろうとしますと、まずその中の七人に眼を向けなければなりません。この七人は当時、自分のかつての秘儀参入を思い出していました。この記憶とそれに伴う認識内容によって、この七人の賢人は、自分の内部でかつて体験した状態を繰り返し思い出していました。それはアトランティス没落後の古インド文化期において体験したときの状態でした。古インド文化期の七人の聖仙が教えた事柄が、ヨーロッパのこの七人の賢人の魂の中でふたたび復活したのです。その教えは聖なる叡智の七つの光線のようでした。ひとつの偉大な宇宙カルマを通して、ヨーロッパの特定の場所で出会うことのできたこの七人の賢人の心の中には、聖なるアトランティス文化が生きていたのです。

この七人に四人が加わりました。この四人のうちの最初の人はアトランティスの破局後の最初の時代を体現していました。古インド文化をです。この人物の魂の本性がふたたび、新たに、八番目の人の魂の中で輝きました。四人のうちの二番目の、古ペルシア文化を自分の中に担っていた人物は、九番目の人の魂の中にみずからの魂の本性を輝かせました。三番目の人は、第三期の文化であるエジプト＝カルデア文化を一〇番目の人の魂の中に輝かせました。四番目の人は、ギリシア＝ラテン文化を担った魂の本性の持ち主であり、その文化を一一番目の人の魂の中に輝かせました。しかし、当時最新の文化、一三世紀当時の人が体験した文化は、特に一二番目の人の中にはっきりと存在していました。

特別の使命を受けて集まったこの一二人の男たちは、人間の霊的進化の一二の異なる立場を代表していたのです。このことは、ありうるすべての宗教、すべての哲学がなぜ一二の基本類型に分類できるのか、という秘密を示しています。皆さんが仏教、バラモン教、ヴェーダーンタ、唯物論その他、どんな宗教、哲学、世界観を取り上げても、そのすべては一二の立場に還元できます。ただそういう作業は、ひたすら厳密に行わなければなりませんけれども。

そのようにして、一二の賢い男たちのあの集まりの中で、地球全体に普及していたさまざまな人間的な立場、さまざまな宗教、哲学、世界観がひとつに結びついていました。

さて、闇が消え、ふたたび霊的な仕方で仕事をすることができるようになったとき、一三番目の人物がこの一二人の男たちに加わりました。この一三番目の人物は注目すべき仕方でそこに加わってきたのです。今、私が申し上げることは、人類史上では隠されていても、一度は生じうるような事件のひとつだったのです。そういう事件というのは、二度と繰り返されないのです。誰にも語られることのなかったような諸事件のひとつなのですが、それは誰かに真似されたくない、というような理由からではなく、まったく違った理由から世に知らされなかったのです。

一三番目の人のことは、闇が過ぎ去り、見霊能力がふたたび輝き始めたときに、一二人の賢人たちに不思議な仕方で告げ知らされました。つまり一三番目に当たる子どもが今生まれなければならない、というのです。この子は非常に重要な、注目すべき転生を重ねてきました。賢者たちは特に、この子の転生の一つがゴルゴタの秘儀の時代に生じたことを知らされました。ですから、パレスティナの出来事の同時代人のひとりが戻ってくることが知らされたのです。けれども、一三世紀当時の独特な状況の下で生まれたこの子の人生は、偉大な個性の人生だったとはとても言えませんでした。

自分の前世について語るとき、歴史上の有名人を名指そうとするのが常ですが、それはいつでもどこでも見られる悪い癖です。私の経験でも、いろいろな人が歴史上の人物や福音書の人物を自分の前世にしようとしていました。最近も或る女性が訪ねてきて、自分はマグダラのマリアの生まれ変わりです、と言いましたので、私はこう応えました。あなたは私の知っている二四番目のマグダラのマリアです、と。空想が混じらないようにするには、最大限の用心が必要なのです。

歴史はこの一三番目の人物の一つひとつの転生のことをあまり語ってはくれません。彼はいつも繰り返し優れた、傑出した心情の持ち主として生まれてきました。この人物がふたたび子どもとして生まれるであろうこと、人類のために重要な仕事をするであろうことは、分かっていました。この一二人の男たちは、見霊を通してこのことを知り、この子を引きとって、はじめから世間から隔離して教育しました。子どもは家庭から引きとられ、一二人の男たちの下で保護され、教育されたのです。

賢人たちは最大の配慮をはらって、見霊能力の規則に応じた仕方で育てましたので、転生を重ねる中で身につけたすべての力が次第に発揮できるようになりました。精神生活の歴史について理解をもっている人たちの中には、この出来事について一種の予感のような意識が残っていました。詩の分野では、ゲーテの詩「秘密」を、そのような予感を示す例として、これまで何度も取り上げてきました。

ゲーテは深い予感に衝き動かされて、一二人のこの集まりについて語り、そしてこの集まりの心情の状態を詩の中で再現しました。それは修道士マルクスのことではなく、生まれてすぐに一二人の賢人の下に引きとられ、青年になるまで育てられた、と私が申し上げた子どものことです。

この子は注目すべき成長を遂げました。一二人の男は狂信家ではなく、円熟した、落ち着いた、内的に調和した人たちでした。狂信家は何をするのでしょうか。狂信家は人びとをできるだけはやく改宗させようとします。人びとは普通、言う通りにはなりません。自分を信じてくれないと、狂信家は怒ります。現代においては、誰か優れた人物のことを紹介するとき、その紹介者が当の人物の考えたり、信じたりしているのとは別様に考えたり、信じたりしているとは、まったく思っていません。ですから私がニーチェについて、客観的に一冊の本を著したときも、人は長い間、私をニーチェ主義者だと思っていました。人びとは客観的な仕方で何かを再現しようとすることが理解できないのです。誰でも自分の言っていることの狂信者なのだ、と思い込んでいるのです。

一二人の賢人は狂信者ではありませんでした。言葉で表現された教えで少年を大切に守ってきました。彼らは少年と一緒に暮らし、一二の異なる光線が少年の中へ流れていけるようにしました。少年はその教えを受けとり、自分の魂の中に内なる調和が育つように心掛けました。

少年に試験を受けさせたとしても、いい成績をあらわすことはなかったかもしれません。けれども少年の心情の中には、一二の宗教類型の担い手である一二人が少年の魂の中へ光として送り込んだものが、感情として生きていました。少年の魂の在りようはすべて、少年の基本的な気分も心情の在りようも、地上に普及している、人間の一二の異なる信仰の協和音のように響いていました。

もちろんこの人物の魂はその結果、多くのものを担わなければなりませんでした。そして、独特な仕方でこの魂が身体に働きかけました。そして、まさに今申し上げたことが生じたために、このことは繰り返されることができないのです。あの時点でのみ生じることができたのです。そして注目すべきことに、この少年の魂の在りようがより偉大に、より調和的になればなるほど、彼の身体はますます繊細になっていきました。そして一定の年齢に達した頃、身体が繊細になるあまり、その形態が透明になっていきました。身体を通して向こうが見えるくらいでした。どんどん食欲がなくなり、とうとう何も食べなくなりました。そして何日も何日も、何も感じない状態が続きました。魂が身体から抜け出て、数日経ってからまた戻ってきました。若者は、内的にまったく変化しました。人類の世界観の一二の異なる光線が集まって、ひとつの光になったようでした。

彼はこの上なく見事な、力強い秘密の数かずを語りました。第一の賢人、第二の賢人、第三の賢人が語ったようなことは何も語りませんでしたが、まったく新しい形で、見事な仕方で、すべての賢人たちが一緒に言わなければならなかったであろうような事柄を語りました。語られた事柄は、他の賢人たちが知っていたすべてを結びつけていました。彼はそのことを、まるでその新しい叡智が彼の中でたった今生み出されたかのように語りました。まるでひとりの高次の霊が彼の中で語ったかのようでしたので、この一二人の男はみんな、新しい何かを学ぶことができたのです。彼らはみんな、彼から学びました。無限に多くのことが彼らに提示されました。一人ひとりに、以前から知っていたことのより完全な説明が与えられました。

私は以上で、クリスティアン・ローゼンクロイツの最初の学級のことを皆さんに申し上げたのです。実際、この一三番目の人は、クリスティアン・ローゼンクロイツと呼ばれる個性にほかなりません。今述べた人生における彼は、まもなくこの世を去りました。短い生涯でした。彼は一四世紀に転生して、一〇〇歳を超える生涯を過ごしました。そのときに、一三世紀に自分の中に育んだすべての事柄がふたたび現れました。一三世紀を生きたときの彼は短命でしたが、一四世紀では長命でした。一四世紀の人生では、前半に大旅行を繰り返して、ヨーロッパ、アフリカ、アジアのさまざまな文化の地を訪れ、一三世紀当時の自分の中に芽を出していたものをあらためて学びました。それからふたたびヨーロッパに戻りました。一三世紀に彼を育てた人物たちの何人かはふたたび生まれ変わり、他の人たちも集まってきました。当時、「薔薇十字」と呼ばれる流れが始まりました。そしてそれ以後、クリスティアン・ローゼンクロイツが多様な転生を通して常にその流れを共にしていたのです。

彼は、こんにちに到るまで、この世に生を受けることのない、短い合間においても、彼の人格を通して作用しています。実際、彼はみずからの高次の体を通して、霊的に人間たちにいつでも働きかけています。彼の場合、人びとと同じ空間を共有する必要はないのです。私たちは一度、この神秘的な働きかけのことを心に思い浮かべてみる必要があります。

そこでまず、ひとつの例を挙げてみます。オカルト的な霊的生活を共に体験する人たちには、非常に注目すべき事柄が現れます。例えば、前世紀の八〇年代、九〇年代に私たちの周りで演じられた事柄を共に体験したとき、ある注目すべき人格の影響をオカルト的に感じることができました。私はそういうときのひとつの場合だけを取り上げるのですが、そういう影響を受けたとき、普通、あまりいい気持ちがしないものです。空間的に遠く離れて暮らしている同じ時代の人たちの影響を感じとることのできる人はみんな、当時は或る人格から発する、しかし完全には調和していない何か光輝くものを感じとることができました。やがて新しい世紀になりました。そのときから影響が調和的になったのを感じとることができるようになりました。いったい何が起こったのでしょうか。これからその原因についてお話ししようと思います。

一九〇〇年八月一三日、ある人物がこの世を去りました。まだ十分に評価されていないウラジーミル・ソロヴィヨフが亡くなったのです。彼は遠くまで光輝く作用を及ぼすエーテル体をもっていました。しかしその頭脳は、その知性は、ソロヴィヨフが偉大な哲学者であったにもかかわらず、魂ほどの広がりはもっていませんでした。彼の思考は偉大で美しいのですが、彼の意識的な哲学は、彼が魂の中に担っていたものほどに価値あるものではなかった。この魂の内なるものは、死に到るまで、頭脳によって妨げられていたのです。ですから、この魂の内なるものは、オカルト的な影響を与える力としては、不調和なものと感じられました。そして、彼が世を去り、脳をばらばらにされ、エーテル体がエーテル界の中で遠くまで光輝いたとき、彼は思考から解放され、もはや思考に触れられることなく、実にすばらしい仕方で輝くようになりました。

こういう話をしますと、「そういうことが私たちとどんな関係があるのか」とおっしゃる人がいるかもしれません。まさにそういうことこそが、空想に耽っている証拠なのです。なぜなら、人間は自分を取りまく霊的な諸経過の所産なのですから。神秘学者たちがどのように霊的な諸経過が作用するのかについて語るのは、その諸経過を見ているからです。しかし、霊的な諸経過はそれを見ていない人たちにも作用しています。霊的な領域で生じるすべては、共に作用を及ぼしています。フランス人やロシア人の進歩した人たちが発する光の輝きは、その人たちの生活している地域で感じられるだけではなく、その考えたこと、感じたことは、地球の全土で感じられます。霊界で生じるすべては、私たちみんなに影響を及ぼすのです。ちょうど肺が空気の中にいるように、魂は霊界の中にいる。このことを知るとき初めて正しい感情が持てるのです。

高度に進歩している人のエーテル体の中にあるものは、特別高度に光を放射して、他の人びとにも働きかけます。けれどもここで、クリスティアン・ローゼンクロイツのエーテル体もまた、世界の中に広く働きかけます。非常に重要な、多くの人にとってこの上なく重要なひとつの事実を取り上げなければなりません。それは死から新しい誕生までの霊界で演じられる事柄であって、前から取り上げてきた「偶然」のように思える場合もなくはないのです。

クリスティアン・ローゼンクロイツは、転生と転生との間の短い期間を利用して、いつも成熟した魂たちに呼びかけて、彼が始めた霊的方向に加わるように促しているのです。彼は死から新しい誕生までの間に自分の流れにふさわしい人物たちに呼びかけているのです。クリスティアン・ローゼンクロイツの流れに注目することを学んだ人たちも、彼が何を通して人びとに、自分たちが呼ばれたのだと思えるようなしるしを与えるのかを認識できるはずです。このようなしるしは、現代の無数の人たちの生活の中に顕れています。もしも顕れていないとすれば、そのことに気づいていないだけなのです。

一見したところまったく偶然の出来事の中に、そういう標《しるし》があるのです。特にクリスティアン・ローゼンクロイツの死から新しい誕生までの間に、彼は成熟しているとみなしたことを示すしるしを多くの人に与えているのです。彼はこの物質界にそのようなしるしを現すのです。例えば、次のようにです。

ある人がベッドに横になって眠っていた、とします。私は別の機会に別の出来事を例にあげましたが、みんな同じしるしなのです。その人は突然、目が覚めました。なぜとはなしに目が覚めた彼は、本能に導かれるようにして、壁のほうを見ました。部屋はうす暗かったのですが、壁はまっ暗でした。すると、どうでしょう。そのまっ暗な壁に、「すぐに起きなさい！」という文字が読めたのです。彼は起き上りましたが、こんな奇妙なことは初めてです。彼は家の外へ出てみました。そして、外へ出るやいなや、先ほどまで休んでいたベッドの上に天井が落ちてきたのです。もしもベッドにいたなら、即死の一撃になす術もなく死んでしまったでしょう。彼はいろいろあとになって調べてみましたが、地上のどんな存在も、起きろ、と彼に告げたはずはありませんでした。いずれにせよ、ベッドに横になっていたら、間違いなく死んでいたのです。

こういう体験については、幻覚を見たのだ、と言うこともできます。しかし、事柄のもっと奥に眼を向けることもできます。こういう体験の例は、いくらでもあります。しかし偶然ではないのです。いつでもクリスティアン・ローゼンクロイツによる呼びかけなのです。実際、この呼びかけを受けた人たちのカルマをこの時点まで辿ると、まず、クリスティアン・ローゼンクロイツは自分の求める人生を送る、と言えます。はっきり申し上げますが、現在、こういう体験は数多くの人たちの人生に現れています。問題はそれに気がつくかどうかなのです。いつもそれほどはっきりした形で体験されるとは限りませんが、現代の数多くの人たちがこういう体験をしているのです。今、私がこのことを繰り返して強調するのは、意図してそうしているのです。というのは、私の経験ですと、半ばまたは完全に忘れている事柄から思いがけない結論を引き出せるものだからです。ですから、こういう体験をしたことのない人は、そうだからといって気を滅入らせる必要はないのです。そんなことはないのですから。誰でも自分の人生の中に何かが見出せるはずなのです。ただ、よく振り返って見なければなりません。

もちろん私が例にあげるのは、典型的な出来事だけです。私たちは自分の人生の中に、クリスティアン・ローゼンクロイツとの出会いをもっています。ただその出会いは、ひとつの人生でのことである必要はありません。霊界で彼に出会っているのかもしれません。

私は召命のこのもっとも顕著な出来事を例にあげました。私は別な例を、例えば、直接霊界と結びついた、死から誕生までの間の出来事を取り上げることもできたでしょう。けれども私たちの霊的な関連の中では、私たちの精神運動と深く結びついたこの出来事が重要だと思えたのです。

本来、人生に働きかけてくるものを知ろうとするのでしたら、人生に対するまったく別の気分がなければなりません。私たちは上に述べた出来事からも、そのことを見てとることができます。たいていの人はこの世を生きることに精一杯で、さほど注意深くはないのです。いろんな人が傍に来て、こう言います――「そんなに思い悩んでいないで、外へ出て行動しなさい」。もしも未熟な行為をしないで、もう少し思い悩んで下さるなら、もっと成熟した行動ができるでしょうに。

ただ平静に、注意深く、呼びかけの合図に注意を向ければいいのです。しばしば、ただあれこれ思い悩んでいるだけのように見えるかもしれません。けれども平静な態度を通してこそ、まさに力が流れてくるのです。カルマが呼びかけるとき、それに従うことができるのです。いつか誰でも必ず、カルマの呼びかけが理解できるようになるのです。今日、皆さんに聴いていただきたかったのは、このことでした。それは私たちの今後の人生の意味をも理解させてくれるはずです。

今日は一三世紀の出来事をお話ししました。この出来事は単なる史実として見たらきっと奇妙なものに思えたでしょうが、このことをお話ししたのは、人生に深く関わること、クリスティアン・ローゼンクロイツの合図を理解することを学ぶためでした。この出来事が生じるためには、一二人の集まりと一三番目の人の参加が必要でした。一三世紀におけるこの出来事は、生じなければならなかったのです。この出来事によって、私たちの世紀においても、それに続く諸世紀においても、こういう呼びかけや合図が理解でき、それに応じることができるようになるのです。クリスティアン・ローゼンクロイツがこういう合図を送るのは、人びとが新しい時代の求めに応じられるようになるためにです。人びとに合図を送って、人びとが自分の仲間であることを示し、人類の進歩を促す意味で人生を彼の求めに応じることができるようにするためなのです。

人生の階梯

アーリマンとルツィフェルをめぐって

アウクスブルク支部設立に際して

1913年 3 月14日

Zwei Strömungen innerhalb der fortlaufenden Entwickelung des Menschen sind bei der Erziehung zu berücksichtigen.

Augsburg, 14. Marz 1913

私たちが人智学の公開講演を行うときには、人智学の集まりに参加したことのない人びとに向かって語るのですから、現代人の魂が無意識の奥底で人智学への大きな憧れをもっているとしても、意識の部分では、霊的な真実とあまり関わりをもっていないのです。私たちはそのことを、いつもふまえていなければなりません。

ですから公開講演に際して、聴衆の意識がその内容を歓迎しているか、していないか、何が聞きたいのか、聞きたくないのかをあれこれ考える必要はないとしても、しかし私たちがその際忘れてはならないのは、この時代がいろいろな点で、人智学の認識とまさに正反対の考え方をしている、という事実です。

ですから私は、公開講演で話すときと、人智学の友人たちに話すときとでは、違った話し方をしてきました。そのときには、いつでもこのことを注意深く顧慮してきました。

どうぞこの違いを忘れないで下さい。たとえ人智学に無縁な人が人智学の講演を聞いて不快な感じをもったとしても、そのことは私たちにとって決して悪いことではないのです。まさにその人の魂に役立てるような事柄を伝えたのだ、と思えればいいのです。しかし人智学の友人たちの間でなら、事柄の中にますます深く入っていけるように努めなければなりません。今のところまだ私たちは、時代にとって極めて重要な真理を、深く時代の精神生活の中に導き入れることができず、ただ私たちの内部でしか問題にできずにいます。その真理を、まだ明確な言葉で世間に伝えることができずにいるのです。

このことを、どうぞ、正しく受けとめて下さい。例えば私たちは、人生の中に常に働きかけているアーリマンとルツィフェルのこと、その働きが人間生活のあらゆる分野に及んでいることについて語ろうとします。または死から新たな誕生までのいとなみに関することについて語ろうとします。しかし、私たちがこれまで人智学に無縁だった人たちにそういう話を無思慮に語るのをやめるとき、その態度を、私たちの集まりでしばしば経験する秘密めかした言い方や態度と取り違わないようにして下さい。そういう秘密めかした態度をとるときは、たいていの場合、自分たちが何をやっているのか無自覚なのですから。大切なことは、受けとる側の人が、問題を十分に深刻に受けとってくれるだけの心の用意ができているかどうかだけなのです。

人智学徒にとっては、アーリマンの働き、ルツィフェルの働きという言葉が、生きる上で重要な意味をもつようになってもらいたいのです。こういう問題が取り上げられるとき、大切なのは次のような感情なのです。——「こういう言葉をいきなり人の頭にあびせかけてしまったら、その人のもっている内なる感受性の力を奪ってしまうことになる。だから日常、こういう言葉をつい使いたくなるような機会に、ついこういう言葉を使ってしまうと、私たち自身が自分を傷つける結果になってしまう」。

例えば、私たちが自分の財布からお金を取り出すとき、たしかにアーリマンの働きがそこに関わっています。しかし、財布を開けるたびに、アーリマンという言葉を使うのは、好ましいことではありません。日常生活の中でこういう言葉を使うのは、私たちの感性、感情をにぶらせるだけです。私たちが考えたり語ったりするときに、必要とされる基本的に重要な言葉を用いることができなくなってしまいます。日常生活の中でオカルト用語をふりかざしたりしない、ということは、非常に、非常に重要なことなのです。なぜなら、そうしてしまうと、人智学が与えうる最上のもの、もっとも有効なものが失われていくのですから。

日常生活の中で人智学の用語を口にすればするほど、人智学が私たちの魂を支え、魂の中に深く浸透していく可能性が失われていくのです。私たちは「日常の力」を顧慮する必要があるのです。そうすれば、別の世界について語ること、「オーラ」とか「アーリマンの働き」とか「ルツィフェルの働き」とかという言葉を使うことに、一種の畏れ、恥ずかしさをもつことの意味が分かってくるでしょう。こういう言葉を使う前に、いわば立ち止まって下さい。超感覚的世界との関わりが本当に問題になるときにのみ、こういう言葉を使うのです。そうすれば、こういう言葉は、日常折にふれて高次の世界に関わる言葉を用いるときとは、まったく別のものになるでしょう。

今日ははじめに、こういう話をさせていただきました。というのは、まさに今日は、人間の魂の中に常に存在していながら、一種の畏れ、恥ずかしさをもって臨むのでなければ、正しく考察できないような問題を取り上げたいからなのです。

『霊学の観点からの子どもの教育』を手にとって下さい。そこにはいわば七年ごとに成長を遂げていく人間の経過について述べられています。そこで述べたように、七歳になるまで、歯が生え変わるまで、子どもは主として身体を発達させます。そして次の七年間、七歳から一四歳の性の成熟期まで、主としてエーテル体を発達させるのです。この七年ごとの人間の成長、発展に眼を向けるときの私たちは、いわばヒエラルキアの正常な本性たちによる人間の進歩への働きかけを問題にしています。これは七年ごとに歩みを進める人間の成長過程です。

本来の進歩を促す神霊の働きは、七年ごとの進化を導いているのです。しかし、この前進を続ける神霊だけが人間に働きかけているのだとしたら、人生全体は実際とはまったく違った仕方で経過していったでしょう。そうしたら、特に幼児に対して、私たちは別の向き合い方をしたでしょう。幼子を通して、霊的な存在が語っている、という感情をいつも抱いたでしょう。幼児は何を行うにしても、高次の世界から衝き動かされてそうしている、という感情を抱いたでしょう。そして子どもは、知性と結びついているおとなの行動よりもはるかに高次の衝動に突き動かされている、と感じたでしょう。そして子どものそういう状態は、比較的長い間続いたでしょう。

こんにち多くの人が望んでいるように、子どもが可能な限り早いうちから人間的、地上的な意味で、賢くなる、ということは、そういう本来の子どもの成長から見ればこの上なく困ったことに思えます。なぜなら、頭のいい発言や行動で周囲の人たちから賞賛されるような子どもは、七年周期で神霊の導きを受けている子どもに較べると、早くから神に見放されている、と言わざるをえないような状態にあるのですから。

こんにちの人びとが感心するような子どもの状態は、決して祝福された状態ではないのです。むしろ神から見捨てられた状態なのです。本来、人間は、進歩する神霊の働きによって、ゆっくりと自我を育てていき、二一歳から二八歳までの間になって、やっと自律した生き方をするようになるのです。それ以前は何を行うにしても、高次の霊的、超感覚的な衝動に突き動かされているのです。だから子どもにとっては、むしろ夢見がちな生き方のほうがふさわしいのです。そのような夢見がちな生き方は、神霊に守られている状態のあらわれなのです。その意味でおとなは、本来、子どもをこんにちの意味で早熟な子に教育すべきではなかったのだ、と言えるかもしれません。

けれども、子どもの発達過程には、別の働きが加わっているのです。そのことは、これまで何度も申し上げて来たように、三歳、四歳、五歳における自我意識の成立の中に現れています。私たちがあとになって自分のことを思い出すとき、思い出せる最初の時期とは、私たちが自分のことを「私」と言い始める時期のことです。

私たちは本来、人間の発達過程の全体を、二つの流れとして理解すべきなのです。ひとつは、進歩する神霊存在たちが働きかける進化の流れです。そしてこの流れに加えて、もうひとつ別の流れがあるのです。このもうひとつの流れは、それによって人が最初の七年間に内的に自己意識を発達させ、後になって意識が自分のことを振り返るとき、そこまで遡ることができるような記憶力を発達させてくれるのです。進歩する神霊存在たちは、こういう早期の記憶にはまったく関わっていません。この神霊存在たちは、私たちをもっとずっと後まで夢見がちな状態におこうとし、そういう状態の私たちを通して世界に働きかけようとしたでしょう。私たちがこんなに早期に自己意識をもって、自分のことを「私」と言うようになったのは、人間の中に働きかけているルツィフェルの働きの結果なのです。

ですから、二つの流れを考えることができるのです。ひとつはいわば正規の進歩する神霊の流れです。この流れが本来二一歳から二八歳までに私たちを明確な自意識に導いてくれたはずだったのです。もうひとつは私たちの内部のルツィフェルの流れです。このルツィフェルの流れは、もう一方の流れと合流し、そうすることで、進歩する神霊存在たちの願う私たちとはま

った く違ったものを私たちの中に作り出そうとするのです。その結果、私たちは、すでに第一・七年期に、自分に対して「私」と言うことを学び、内的に、魂の中に、自己中心性（Egoität）を生み出して、記憶を遡らせることができるようになったのです。

このことに正しく注意を向ければ、私たちの進歩発展について正確なイメージを作ることができるでしょう。どうぞルツィフェルが介入することなく、進歩する本性たちだけが人間から作り出したであろうような流れを、静かに彼方へ流れていく水の流れのように表象してみて下さい。その静かに彼方へ流れていく水の流れを、本来善なる神的本性たちの影響の下での人間の進歩する生命の流れであると表象してみて下さい。今、私たちは静かに彼方へ流れる流れのところへ行って、青い、または赤い化学成分から成る液体を取り出して、その液をこの静かに彼方へ流れる水の中に注ぎ込み、第二の流れが第一の流れと合流するように、しかも清らかな第一の水流からはっきり区別できるようにするのです。

そのように私たちの静かに流れていく、正しい、いわばヤハヴェ＝キリストの流れの中に、ルツィフェルの流れが第一・七年期のほぼ中頃から私たちの内部で共に流れ始めるのです。ですからルツィフェルはそれ以降、私たちの中に生きているのです。もしもこのルツィフェルが私たちの中に生きていなかったら、この第二の流れを私たちはもっていなかったでしょう。しかし私たちは、もしも第一の流れの中でしか生きていなかったら、私たちは二〇代になっても、自分は神霊の働きの一部分だと思って生きていたでしょう。

自立しているという意識、内なる個性と人格の意識は、第二の流れによって持つことができたのです。ですから、このルツィフェルの流れが私たちの中に流れているということは、叡智に充ちた恩恵なのです。

しかし、第二・七年期にも、進歩する神的本性たちによるのではない流れが現れます。このことも特定の観点から繰り返してお話ししてきました。九歳、一〇歳の頃、ですから第二・七年期の中頃に、このことが現れてきます。その頃、思慮深い人たちの場合、例えば私がジャン・パウルについて述べたような経験が生じます。ジャン・パウルの場合はやや早くに生じましたが、一般に九歳、一〇歳の頃に生じます。その頃、本質的な自我の強化が、自我感情の濃縮化が生じるのです。

その頃の子どもには或る特別のことが生じるのですが、このことは、別の仕方でも確かめることができます。私は、この別の仕方が教育上、特に有意味だとは思っていません。このことがおのずと生じた場合には、日常観察できますが、こういうことをとりたてて問題にしてはなりませんし、それを教育原則にしてもなりません。九歳、一〇歳の子がはだかで鏡の前に立ったなら、その子が私たちのこんにちの、しばしば奇妙な教育方針によって鈍感にされているのではないなら、その子は常にごく自然に、この自分の姿を見て、不安を感じるでしょう。それまでに何度も鏡の前に立って気どって見せたりする習慣が身についているのでなければ、一種の不安を感じるでしょう。このことは、それまであまり鏡の前に立ったことのない、しかも感受性ゆたかな子どもの場合にみられます。なぜなら、まさにこの頃の子どもの中に、第一・七年期のルツィフェルの流れに対する一種のバランス感覚が働くからです。第二・七年期の九歳、一〇歳の頃に、アーリマンが人間に働きかけて、ルツィフェルの流れに対して自分の流れで一種のバランスをとろうとするのです。

私たちがまさにこの年頃の子どもに、外の感覚世界に向けられた知性を育て、子どもの自立心、独自の判断力を育てようとするとき、このアーリマンの働きに最高度に応えることになるのです。

ご承知の通り、こんにちひとつの教育原則が普及しています。それはまさにこの時期に独立心を育てようという原則です。このことがこんにち、ほとんどどこでも求められているのです。極端な場合、計算機まで用意して、子どもが掛け算の九九をわざわざ暗記して憶えなくてもすむようにしています。このことはアーリマンに対する私たちの時代の迎合の現れです。

私たちの時代は、もちろん無意識にではありますが、アーリマン衝動が可能な限り強力に人間の魂の中で養われるように、子どもを教育しようと願っています。そして、こんにち普及している教育論を手にとってみると、こういう教育論を代表している人たちが本当に何も分かっていない、と思わざるをえません。アーリマン自身がこういう教育原則を論じたなら、もっと賢明にやってみせたことでしょう。

しかしいずれにせよ、特に子どもの自立心、子どもの判断力についての議論は、アーリマンの正当な弟子にふさわしいやり方で行われています。このやり方は、今後ますます普及していくでしょう。事実、アーリマンは私たちの時代の外的な権力、外的な指導力にとって、最良の指導者なのですから。

そこで考えてみて下さい。私たちが誰かに出会うとき、その誰かがルツィフェルとアーリマンに従っていると思えるのは、当然のことです。そもそも、ルツィフェルとアーリマンが排除できたら、そのほうがいいと思うとしたら、それはまったくの間違いです。そんなことができるはずはありません。次のように考えて下されば、納得していただけると思います。

私たちの人生は、進歩する神霊存在たちと、アーリマン的、ルツィフェル的な勢力とのひとつの共同作業によって制御されています。もしも進歩する神霊存在たちだけが私たちに働きかけたとしたら、一定の自立した状態に達するのに、もっとはるかに年月がかかったでしょうし、そのときも、ちょうど現在の私たちが色や光を見るように、その色や光の背後に神霊存在たちを見て、その存在たちが実際に支配力を行使しているのを少しも疑わなかったでしょう。

私たちはそのとき、感覚で宇宙の思考内容を知覚したでしょう。私たちは二〇代になってから自立するようにはなったでしょうが、そのときも、外に宇宙の思考内容を知覚したでしょう。そしてそれまでは、夢見心地で過ごしていたでしょう。なぜなら、私たちの内部を神霊が支配していたでしょうから。一〇代になってこの支配力が内部から働くことをやめたときは、今度は外から私たちに支配力を行使したでしょう。現在の私たちが感覚的な知覚内容だけを受けとっているように、そのときの私たちは外に神霊たちの思考内容を知覚したでしょう。

ですから私たちは、ほぼ二〇歳前後の数年間だけを例外として、一生のあいだ正常な自立を獲得することができなかったでしょう。その数年間だけしか、自分をしっかりと見つめることができなかったでしょう。そのときの私たちは、子どものときを夢見がちに過ごし、中年になると、自分の衝動、自分の決意によって行動するのではなく、外界に働きかけるときは、いつも自分が何をしたらいいのか、いちいちうかがいを立てていたでしょう。ちょうどアトランティス期の人間がそうしたようにです。私たちの自立した生き方は、ルツィフェルとアーリマンのおかげで可能になったのです。

もちろん今、教育上特に大切なのは、いわば内的本質を人間の中から引き出そうとする、常に進歩のことを口にする愚かな現代教育学が人間について語るようには語らない、ということです。人間の魂には、三層の働きが関与しています。進歩する良き神霊たちとルツィフェルとアーリマンという三つの働きです。このことをふまえ、この三つの働きを区別することができたとき、私たちは教育との関連で、正しい立場に立てるのです。

そこで特に価値があるのは、まず進歩する神霊存在という主要な観点から人間を考察し、人間の成長の七年周期の意味を考えることです。子どもに向き合うときには、具体的にその成長の過程を辿るとき初めて教育者として役に立つ仕事ができるのです。第一・七年期の子どものためには、肉体を健康に保つように配慮します。そうすることで私たちは子どもの役に立っているのです。第二・七年期の子どものためには、権威を、もっとも高貴な意味での権威を子どもの周囲に用意してあげることが大切です。ですから第二・七年期の子どもが、利口な口をきくようになるのではなく、周囲のおとなたちを尊敬し、権威ある存在として頼る子どもになれるように配慮するのです。そうできたとき、どんな場合であろうと、子どもの役に立てたのです。

子どもを教育するとき、子どもがすでに九歳、一〇歳の頃に、何でも自分で分かっていたいと思う子どもになるようにではなく、「どうしてこれがいいと思うの」、「どうしてこれが正しいと思うの」と訊かれたとき、「お父さんがいいと言ったから」、「お母さんがいいと言ったから」、「先生がいいと言ったから」と言える子どもになっていたら、私たちは子どもの役に立てたのです。

周囲のおとなが当然のように権威を示せるおとなとして子どもを教育できるなら、子どもに良いことをしてあげられたのです。ところが、すでに第二・七年期の子どもが、おとなを批判せざるをえない状況に追い込まれてしまうなら、その子どもに悪い教育をしているのです。そして、第三・七年期の、一四歳から二一歳の若者たちに対しては、自然な仕方で一緒に理想を、心をときめかせるような理想を共有する機会を提供できなかったら、決して良い教育をしているとは言えません。

この時期の若者たちとは、理想について、いつか将来出会うことになるような理想について語り合わなければなりません。一八歳の少年、失礼、その人物がすでにエッセーを新聞に投稿しているのを知ったら、胸が痛くなります。この年頃の若者から何かを受けとるのではなく、若者と一緒に将来いつか実現したいと思っているような事柄を話し合い、人生の大問題を熱心に話し合うなら、この若者たちと正しい態度で向き合っていると言えます。

本来、編集者がまだ二〇歳に達していない人のエッセーを受けとるとき、むしろその人にこう言うべきなのです――「あなたの書いたものはとてもよくできている。でも一〇年後だったら、まったく違った見解に達していると思う。今はこの原稿を引き出しの中にしまっておいて、一〇年か一二年後に見直したほうがいいよ」。そう言って、その原稿にもう一度眼を向け、それからそこで論じられている人生問題についてその若者と話し合うなら、きっと良い働きかけをしたと思います。

こう申し上げるのは、私の著作『子どもの教育』で述べた事柄がどんな場合であれ、教育上常に顧慮されなければならないと思うからです。ルツィフェルとアーリマンに関わる他のすべては、一般的な規則では収まりがつきません。実際、一人ひとり違うのです。なぜならアーリマンもルツィフェルも、個人の人格に関わってくるのですから。教育者の個人的なその時どきの態度が大切になってきます。一般的な規則にあてはめることはできないのです。

私が申し上げたかったのは、人間の魂の中のすべては、ルツィフェルとアーリマンを考慮に入れなければならない、ということでした。そうでなければ、人間の本性を全体として理解することができません。「われわれはルツィフェルとアーリマンを克服しなければならない」、と言うだけではだめなのです。もしも私たちがどんな場合にも、ルツィフェルを克服したい、と思うのでしたら、一番確かなのは、記憶力を育てないことです。なぜなら、記憶力のすべては、ルツィフェルの力なのですから。ですから私たちの記憶力を、ただ発達させなければいいのです。

けれども当然のことながら、私たちは記憶力を正しく発達させなければなりません。先程の著作では、記憶力を育成する正しい時期は七歳から一四歳までの間である、と述べています。それ以前の時期には、記憶力をわざわざ教育する必要はありません。なぜなら、ルツィフェルが人間の中にもっとも強力に働いている時期なので、記憶力はおのずと発達していくからです。

ですから当人にまかせればいいのです。しかし歯の生え変わりのあと、アーリマンが強力に人間に働きかけてくるときには、記憶力の育成を始めなければなりません。なぜならアーリマンがルツィフェルに対してみずからの存在を主張するようになったのですから。私たちが記憶力を育てるとき、もはやルツィフェルの手を借りる必要はないのです。

アーリマンを克服しようなどと思ってはなりません。剝き出しのアーリマンの作用を克服するのには、非常に簡単な手段があります。でも、その手段を用いても、決して良い結果を生むことはないでしょう。永久歯が生えたら、すぐそれを抜いてしまえばいいのです。永久歯が生えるというのは、もっともはっきりしたアーリマンの作用なのですから。乳歯だけが前進を続ける神霊に由来する歯なのです。一生のあいだ働いてくれる、独立した歯は、純粋にアーリマンの作用によって生じたのです。

このことからも分かるように、アーリマンとルツィフェルの力が私たちの内部で働いてくれているおかげで、私たちにとって不可欠な働きの多くが可能になったのです。私たちのアーリマンに対する無意識的な反抗は、うまくいくことも、いかないこともあるでしょう。私たちは一生の間に準備をして、死んだあとアーリマンに支配されずに済むような、力を身につけます。しかし、時には、永久歯を失うときのように、アーリマンに対する反抗が決して良い結果にならないことを、身に染みて悟らされます。

しかし、抜け落ちるどの永久歯からも、ひとつの力が育ってくれます。非常に有益な力が、です。もちろん私は、歯にセメントを塡めたり、入れ歯をしたりすることに反対ではありません。なぜなら歯を充塡したり、入れ歯にしたりすることで、私たちの中のアーリマンの力が強くなるわけではありませんから。せいぜい金歯の黄金の力ぐらいでしょうが、その力はアーリマンとは、この場合無関係です。ですから歯の治療に否定的なことを言うつもりはまったくありません。私たちのアーリマンに由来する歯が次第に失われていくのは、進化の過程でアーリマンに打ち克つ衝動をも身につける必要があるからなのです。永久歯がとれてしまったところに入れ歯をするかどうかに関わりなく、歯を失ったことによって、死んでから新たに生まれてくるまでの間に発達させなければならない基本的な諸力を育てようとする衝動が生じるのです。

このことは一見、それほど大事なことではないようですけれども、このことが教えてくれるように、私たちは日常の事柄をいつもとはまったく違った仕方で見る習慣を身につけなければならないのです。そうすることで、通常私たちを取り巻いている大きな幻想を乗り越えて、真実に向き合わねばならないのです。

その意味で、例えば年と共に老化が進むのも、ひとつの力なのです。その力を意識することで、私たちは死の門を通ったとき、アーリマンに対抗するための力を育てるのです。この世での私たちにとっては、あまりに早くから老いを感じるのは、いやなことでしょうけれども、死後アーリマンとしっかり向き合うためには、私たちが老いを感じるというのは、喜ぶべきことなのです。

そこで是非考えていただきたいのですが、私たちの内なる霊的・魂的な核心は以上の事柄とすばらしく、見事に組み合わさっているのです。この核心は、生まれてから死ぬまでのあいだ成長を続けることで前進を続ける神霊たちと結びついています。なぜなら、死の門を通っていくこの核心が、その最強の内的緊張力を発揮するのは、前進を続ける神霊たちにすっかり取り込まれているときなのですから。この核心以外のもの、外から見ると衰えていくものは、すべてアーリマンの働きを受けているのです。そこで今、このアーリマンを見霊の立場からあらためて考えてみようと思います。

この世の植物たちが大地から生長し、秋になると衰えて葉を落とすとき、アーリマンが地上に送りこんだ四大霊たちがそのいたるところに現われています。そのときアーリマンは死滅していくすべてを取り込んでいるのです。自分の四大霊たちを使ってそうしているのです。秋の季節に野原を通っていくと、そして死滅していく自然を霊視すると、そのいたるところで、アーリマンがその力を行使し、衰えていく物質的、エーテル的本性を四大霊たちに命じて自分のところへ運ばせているのが分かります。

しかし私たち人間は、一日中、いわば一種の秋と冬の気分の中で生きています。魂の夏の気分は、眠っているときにだけ存在しています。実際、眠っているときの人間のからだは、肉体もエーテル体も、植物状態にあるのです。そして、からだの外にいる自我とアストラル体は、みずからの光を外から肉体とエーテル体に、太陽と星々のように投げ返して、昼間破壊された諸力を再生させているのです。そのようにして植生生活が育つのです。昼間の思考というのは、そもそも夜が芽生えさせたものをふたたび消尽するためにあるのです。

私たちは目をさますと、自分の植物的生活を、ちょうど秋が地上の植物を乗り越えていくように乗り越え、そして冬が地上の植生生活に対して行うことを、自分の肉体とエーテル体に対して、すなわち魂の夏期である夜眠っているときに発育させたものに対して、行うのです。目覚めているときは、魂の冬の時期なのです。私たちが魂の春をもちたいなら、眠りにつかなければなりません。ですから、魂の夏期から昼間の覚醒時の中へ何かを持ち込もうとしない人は、容易に干からびてしまうのです。無味乾燥な学者たち、大学教授たちは、意識化されていないものに関心をもとうとはしません。魂の夏期に由来するものを取り上げようとはしません。だから干からびているのです。そして百パーセント冬人間になっているのです。

人間の昼間の生活は、見霊者にとっては、先程自然について語った事柄にとてもよく似ています。つまり、人が外に向けられた、いつもの思考を働かせるとき、ですから唯物主義的に外で生じている事柄だけを思考の対象にするとき、その思考内容は脳に働きかけて、アーリマンの好む素材を脳から排出しているのです。ですからアーリマンは、いつも、昼間の覚醒時の生活につきまとっています。そして、唯物主義的に考えれば考えるほど、アーリマンに取り憑かれるのです。唯物主義が恐怖と無縁でないのは、不思議なことではないのです。神秘劇『境域の守護霊』には、恐怖とアーリマンとの関係が描かれています〔『境域の守護霊』第六場〕。

実際、どんな人生も複雑な霊的世界に関わっているのです。私たちが人智学から学びとるべきものは、魂のこのような気分であり、人生の根本感情、魂の根底にある感情なのです。アーリマン、ルツィフェル、肉体、エーテル体の存在を概念として知ることだけではないのです。ですから、高次の事柄に関わる言葉を畏敬の念をもって大切に語る必要があるのです。そういう言葉を日頃口にしていると、言葉の真実と尊厳が失われてしまいかねません。

以上で述べたように、生まれてから死ぬまでの人間は、一方では前進を続ける神霊たちと関わり、他方ではルツィフェル、アーリマンとの、その両方の間に立っています。人間の進化全体が正しい仕方で遂行されるためには、この関係が死から新しい誕生までのあいだにも保たれていなければなりません。ただ誕生から死までのあいだは、内的な関係であり、死から新しい誕生までのあいだは外的な関係です。内的には、ルツィフェルは、私たちの記憶が思い出せるようになるはじめの瞬間から、自分の爪を人間の魂に食い込ませています。人は霊学を通して学び、感じとるようになるまで、このことにはまったく気づかずにいますけれども。そして死後になると、事情がさらに変わるのです。

死後の或る時点から、ルツィフェルは――内的な仕方で誕生から死までのあいだそうしてきたのと同じ確かさで――外的な仕方で現われてきます。そのときのルツィフェルは、完全な姿を私たちの前に現します。そして、私たちの横に立ちます。私たちはそのルツィフェルと共に死後をさまよい歩くのです。死の門を通る以前の私たちは、ルツィフェルのことを知らずにいますが、死から新しい誕生までのあいだ、ルツィフェルが横に並んで歩いているときの人間は、はっきりとルツィフェルのことを知っています。

ただ現在の意識状況の中では、こういうことを聞くのは、まだとても不愉快であり続けるでしょう。しかし、死から新しい誕生までのあいだを進んでいくときのルツィフェルは、恐ろしい存在であるとはいえ、外見上は美しい、すばらしい姿をしているのです。そして死者は、ルツィフェルを傍らに、世界にとってルツィフェルの存在が必要であることをも洞察するのです。そのようにして死者が死後の人生をルツィフェルと共に過ごす時代がますます迫ってきているのです。そのときには、すでにこの地上の人生で、人間の魂の中のルツィフェル衝動の働きを、当然のこととして受けとめ、身近かに感じるようになっていなければなりません。

未来になっても、ルツィフェルのことを何も知ろうとしない人の数は、ますます多くなるでしょう。しかし、その人たちも死後になって、ますますルツィフェルの存在を知ることになるのです。なぜなら、ルツィフェルはそのとき、その人たちの横に立っているだけでなく、絶えずその人たちの魂の力を絞りとるでしょうから。ルツィフェルは人びとを吸血鬼にしようとするのです。ルツィフェルによって吸血鬼にされてしまう危険が生じるのは、この世でルツィフェルに無知であったことの結果なのです。そうなってしまうと、次の人生のための力が抜きとられてしまいます。その力をルツィフェルに奪われてしまうのです。

アーリマンに関しても同じことが言えますが、アーリマンの場合はこうなのです。――アーリマンもルツィフェルも、死から新しい誕生までのあいだ、常に人間と共にいますが、あるときはルツィフェルが、別のときはアーリマンがより働きかけています。死から新しい誕生までのあいだ、私たちは出かけていったり、戻ってきたりしています。出かけていくときは特にルツィフェルが、新しい誕生へ向けて戻ってくるときは、特にアーリマンが私たちの傍にいます。実際、アーリマンは私たちをふたたび地上へ戻るように導くのです。

アーリマンは死後の後半期に、地上に戻るときに重要な役割を担う人格です。そして、アーリマンもまた、この世の人生においてアーリマンの存在を信じようとしなかった人びとに対して、悪しき行為をします。すなわち、その人たちに自分の力を必要以上に与えるのです。重さに関わる力、病気や夭折を生じさせる力、一見偶然のように見えるさまざまな不幸、不慮の出来事を地上生活に生じさせる力などなどをその人びとに与えるのです。そういうすべては、このアーリマンの暴力と結びついているのです。

私はこの問題を少し違った観点から、ミュンヒェンでお話ししました［一九一三年三月一〇日の講義『死から新しい誕生まで――感覚界と超感覚界の関連』のこと］。そのときには、死後の人間の魂が、病気と死を超感覚的世界から感覚世界へ送り込む霊的本性たちの従者になりうることに注意を促しました。人生に否定的な働きこそが、アーリマンの非常に歓迎する働きなのです。アーリマンはその働きを用いて、私たちの人生をますます弱体化させていくのです。

とはいえ、一面的な判断をするのは許されません。アーリマンが私たちをこの世の人生の中へ導き、アーリマンの影響の下に人生に苦悩するのは非常によくないことだ、と言おうとしたら、まったく間違ってしまいます。

そうではないのです。それは良いことなのです。なぜなら、いずれにせよ病気になることは、私たちの進歩にとってもっとも有効な働きでありうるのですから。

感覚世界と超感覚世界とを分ける境域に踏み入るとき、私たちの判断は少し変わらなければなりません。通常の物質界での判断をそのまま持ち込んではなりません。なぜなら、皆さん、物質界においては、マーヤー（幻影）がいたるところに、ありあまるほど存在しているのですから。いったい唯物主義はどこから来るのでしょうか。アーリマンなど存在しない、悪魔なんかいない、と叫ぶ唯物主義は、です。悪魔なんかいない、と誰が一番大声で叫ぶのでしょうか。

悪魔にもっとも憑依されている人がそう叫ぶのです。

アーリマンが一番関心をもっているのは、自分の存在が自分の憑依している人によって否定されることなのです。「みんなは悪魔がいることなど、ちっとも感じていない。悪魔に胸ぐらを摑まれていてもだ！」(『ファウスト』第一部「アウエルバッハの酒倉」)。

ですからアーリマンのことを信じないことほど、ひどい幻想はないのです。悪魔がいないと思っているとき、悪魔はその人の胸ぐらを摑んでいるのです。そういう人ほど悪魔に支配されているのです。ですから一元論者が現われて、悪魔のことをののしるとき、一元論者が悪魔を克服したと思うのは、間違いです。

悪魔を否定する唯物論者、一元論者の集まりは、悪魔を呼び出すための集まりなのです。昔の魔女よりも今の唯物論者のほうが、はるかにはるかに悪魔を呼び出しています。このことは真実なのです。その反対はみんな幻想です。

ですから、別な判断の仕方を学ばなければなりません。唯物論に色づけされた一元論者の集まりに出た人が、「この人たちは人間を悪魔から解放する」と思ったら、間違っています。むしろ、こう思わなければいけないのです――「今参加してきた集まりは、悪魔が人間の文化に介入していけるように、あらゆる手段を使って試みている」。

私たちが本当に意識していなければならないのは、私たちが霊的な生活に身を置こうとするのは、概念や理念を身につけるためだけではなく、思考と感情を変えるためなのだ、ということです。しかも外の世界に向き合うときには、十分に理性的であり続けなければなりません。外の世界を夢想的な仕方で、霊界とまぜこぜにしてはいけないのです。もしも私たちが外的・物質的な世界に、本来超感覚世界でのみ意味をもっているような言葉を投げかけるとしたら、まさにもっとも大切なものを否定することになってしまいます。大切なのは、感覚世界と超感覚世界を区別すること、決してまぜこぜにしないこと、言葉を正しい意味で用いることなのです。

以上、お話ししてきたことは、お話しすべきことの全体ではありませんが、ついこの前設立されたばかりのアウクスブルク支部における今日の集まりには、他のところからお見えになった友人たちも含めて、こんなに多くの人たちを迎えることができました。この地でのこれからの活動に役立つような考えを集めるための大切な機会ですので、特に大切な問題を、私たちのアウクスブルク支部のための開会の挨拶として、取り上げさせていただきました。

多数の友人たちがこの新しい支部で一堂に会する機会を得られたのは、すてきなことです。今皆さんが同じ時間を共有したことは、ここから意志が動きだそうとすることの眼に見えるしるしでもあります。その意志は各地でなされている個別作業に繰り返し結びつこうとする意志です。愛するアウクスブルクの皆さん、皆さんがこれまでと同じように未来においても人智学の仕事に打ち込んで下さるなら、世界中の同じ志をもった仲間が皆さんのことを考えているのを思い出して下さい。そして、皆さんの仕事が私たちの霊的な運動の良き一部分なのだと考えて下さい。私たちはみな、同じ思いで仲間であり続けようと願っています。私たちの仕事を見守っていてくれる霊的な存在たちは、きっと私たちに力をかしてくれるでしょう。皆さんの心を通して眼には見えなくても、この力が流れていきます。どうかアウクスブルクの姉妹兄弟たちの仕事が、私たちがいつも訴えかけている霊的存在たちによって祝福され、力づけられますように。

ゴルゴタの秘儀の時代のキリストと20世紀のキリスト

ロンドンにて

1913年５月２日

Christus zur Zeit des Mysteriums von Golgatha
und Christus im zwanzigsten Jahrhundert

あらゆる秘儀の中で、ゴルゴタの秘儀は理解するのがもっとも困難です。すでにオカルト認識に熟達した人たちにとってさえ、そうなのです。人間に直接関わりのあるあらゆる真理の中で、ゴルゴタの秘儀はもっとも誤解しやすい真理なのだとも言えます。なぜなら、ゴルゴタの秘儀は地球紀の進化全体の中でたった一度だけの出来事であり、それ以前にはそのような仕方では一度も生じたことのなかったような、そしてその後も二度と繰り返されることのないような強力な衝動だったのですから。人間の知性はいつでも、何かを理解しようとするとき、ひとつの尺度を、比較できる何かを求めます。しかし、比類のないものは比較できません。比較しようのない、一回限りの出来事であるゆえに、ゴルゴタの秘儀は理解するのが困難なのです。

私たちはこれまで、私たちの霊学運動の中で、ゴルゴタの秘儀をさまざまな観点から性格づけようと努めてきました。しかし、この強力な出来事を地上の人類進化の中に位置づけて記述するには、繰り返し新たな観点を取り上げ、絶えず新たな性格づけを行わなければなりません。

今日はそういうひとつの観点を取り上げようと思います。私たちの時代における、私たちの現在の人類期における、ある意味で「ゴルゴタの秘儀の更新」とも言えるような事実に眼を向けたいのです。

ところで、ゴルゴタの秘儀を根本的に理解しようとするなら、この秘儀が三年または三三年の間だけに生じた事柄として、人類の進化と切り離して考察するのであってはなりません。私たちは、この出来事が、まさに第四後アトランティス期である、ギリシア＝ローマ文化期にどのように生じたのかを考察しなければなりません。そして、このゴルゴタの秘儀が古代ヘブライ民族の歴史全体の中でどのように準備されたのかをも考察しなければなりません。第四後アトランティス期に生じたということがゴルゴタの秘儀を理解する上で、特別重要であるということだけでなく、この秘儀が古代ヘブライ文化全体の中で準備されたこと、つまりエホヴァ崇拝のこともまた重要なのです。ですから、まず古代ヘブライの時代にエホヴァまたはヤハヴェという名で現れた本性が何ものだったのかを知る必要があるのです。けれどもその際、忘れてはならない観点がひとつあります。

こんにちの人は、事柄を知的な観点から理解することを好みます。けれども、感覚世界から超感覚世界への境域を超える瞬間に、現実を知性で把握する可能性は消えてしまうのです。地上では常識が通用しますが、超感覚的世界へ参入する瞬間に、知性は――その世界でも有効な道具ではありえても――もはや認識を獲得する手段としては不十分になってしまうのです。

知性が好むのは、区別するということです。事柄を理解するためにまず区別し、定義しようとしますす。私の講義を聴いて下さっている方々は、ほとんどいつでも、定義づけがなされていないことに気がついていらっしゃると思います。現実は定義によっては把握できないからです。たしかに定義にも良い定義と悪い定義があります。一般に妥当する定義と不十分な定義があります。地上の諸事象を扱うには、なんらかの定義が必要ですけれども、特に超感覚的な現実に関しては、定義する代わりに、性格づけを行わなければならなくなるのです。事柄、本性を、いろいろな観点から考察することが必要になるからです。

定義は常に一面的です。定義は、論理学を研究する人に、古代ギリシア哲学で、人間とは何かを定義しようとしたときのことを思い出させます。人間とは何かを明らかにするために「人間とは羽根をもたず、二本足で立つ存在のことである」、と定義しました。ところが、その翌日、誰かが羽根をむしりとった鶏をもってきて、こう言いました——「この存在も二本足で立っているし、羽根もない。だから人間だ」。

定義するだけでは不十分な事柄、性格づけることしかできないような、多面的で多義的な事柄に対して、定義づけを求められたなら、以上の話を思い出して下さい。

ところが、超感覚的世界におけるさまざまな本性を区別したくなると、つい定義がほしくなって、こう問いかけたくなります——「こういう本性を見たのですが、一体何ものでしょうか」。けれども超感覚的世界に参入すると、そこにさまざまな本性たちが集まってきますが、それらはもはや互いに境い目がなく、したがって区別がつけられないのです。

ヤハヴェまたはエホヴァの名を問題にするとき、特にヤハヴェもしくはエホヴァをキリストの名と結びつけて考察するとき、進化の過程を無視するのは許されません。私の諸著作の中でしばしば指摘してきたように、新約聖書の中でも述べられているように、キリストはゴルゴタの秘儀以前にも、エホヴァを通してみずからを現していました。

エホヴァとキリストを比較するとしたら、月の光と太陽の光を例にとることができるでしょう。月の光とは何でしょうか。太陽の光とは何でしょうか。両者は同じものでありながら、非常に異なっています。太陽の光は太陽から輝き出るのですが、月の光はその太陽の光が月によって反射されているのです。その意味でキリストとエホヴァとは同じ光の存在であるとしても、キリストは太陽の光と同じであり、そしてエホヴァは反射されたキリストの光なのです。エホヴァはそのような光として、ゴルゴタの秘儀が生じる以前に現れました。

エホヴァ＝キリストのような崇高な存在を問題にするときには、超感覚的世界の高みの中にその真の意味を求めなければなりません。日常用いているような概念でエホヴァ＝キリストのような存在を理解しようとするのは、思い上がりとしか言いようがありません。

さて、古代ヘブライ人は、この崇高な存在を何とか理解する道を見つけました。人間の思考力は強力ではありませんが、この崇高な存在からひとつの理念を作ろうと試みることならできます。眼を直接エホヴァに向けるのではなく――エホヴァという名の意味がすでに「言い表わし難いもの」という意味なのです――、そうではなく、私たち西洋の文献がミカエルと呼んでいる本性に眼を向けるのです。

こういう言い方はもちろん、いろいろ誤解を生じさせるでしょう。しかし、誤解は避けられません。ある人は言うでしょう――「キリスト教徒の思い込みにすぎない」、と。別の人は言うでしょう――「そんなことには関係ない」、と。しかし、大天使の位階に属するミカエルの本性は、現実に存在するのです。その際、名前がどう呼ばれようと同じです。同じ位階には、多くの本性たちがいます。しかし、秘教上ミカエルと呼ばれる本性は、同じ位階の他の本性たちをはるかに超えて崇高です。ちょうど太陽が水星、木星、土星などの諸惑星を超えて崇高であるようにです。

ミカエルは大天使の位階におけるもっとも優れた、もっとも重要な本性なのです。古代人はミカエルを「神の顔」と呼びました。人がジェスチャーや顔の表情で表現するように、古代神話の中でのエホヴァはミカエルを通してみずからを理解させました。エホヴァはこういう仕方で秘儀参入者に自分のことを知らしめました。ですから秘儀参入者は、通常の理解力ではそれまで把握できなかったこと、すなわちミカエルがエホヴァの顔であることを理解できたのです。

ですから古代ヘブライ人は、エホヴァ＝ミカエルについて、こう語りました――「人が或る人物の隠された思い、苦悩に通じることができないように、エホヴァには近づくことができない。しかし、ミカエルは、ヤハヴェ、またはエホヴァの本性を外に現している。人間の場合、額《ひたい》や顔がその人の自我を現しているように、である」。

そのように、エホヴァは大天使ミカエルを通して、みずからを開示するのです。エホヴァを知ることは、古代ヘブライ人に限られたことではなく、もっとはるかに広く普及していました。キリスト紀元以前の五世紀間を調べると、この五世紀の間、ひとつの啓示がミカエルによって生じていたことが分かります。

この啓示は、別の形で、プラトン、ソクラテス、アリストテレスの中に見出すことができます。紀元前五百年間のギリシア哲学に、ギリシア悲劇にさえも、見出すことができます。オカルト的認識の助けをかりて、実際の生じたことに光を当てようと努めるとき、次のように言うことができるのです——「キリスト＝エホヴァという本性は、人類の進化全体を通じて人類と共にいてくれたのだ」、と。しかし、相前後する時代ごとに、キリスト＝エホヴァはミカエルと同じ位階のいろいろな本性たちを通して、みずからを現してきました。いわばキリスト＝エホヴァは、人類に向き合うときに、時代ごとに別の顔を選ぶのです。

大天使の位階の中から或る本性が、キリスト＝エホヴァと人類との仲介者に選ばれると、さまざまな理念、見解、感情、意志が人間に伝えられます。ゴルゴタの秘儀を取り巻く時代全体はミカエルの時代でした。このミカエルをエホヴァの使者と見ることができます。

ゴルゴタの秘儀以前の約五百年からゴルゴタの秘儀以後の数十年間まで続く時代の人類の指導的な文化は、いわばミカエルの刻印を表しています。ミカエルの力、その特質を通して、ミカエルはこの時点での人類に与えるべきものを、人類の中に注ぎ入れました。そしてその後、同様に霊界からの大天使の位階から人類に霊感を与える他の本性たちが降りてきました。

すでに述べたように、ミカエルは、最大、最強、最重要な本性ですので、ミカエルの時代は常に、人類の進化におけるもっとも意味深い時代になりました。大天使の時代は、それぞれ繰り返して現れてきます。大天使のヒエラルキアの本性たちは、それぞれ時代に基本性格を与えます。大天使というのは、本来、さまざまな国民の指導者なのですが、特定の時代の指導者になることにより、過去の時代の指導者だったことにより、ある意味で人類全体の指導者にもなりました。

ミカエルについて言うと、今の私たちの進化時代に到るまで、ひとつの変化が生じているのですが、その変化は、ミカエル自身の進化の結果生じた変化だったのです。そして、このことには大きな意味があるのです。なぜなら、オカルト的認識によれば、私たちは数十年来、ゴルゴタの秘儀の生じた時代に霊感を与えたその同じ本性によってふたたび霊感を受ける時代に入っているからです。一九世紀以来、私たちの時代の指導者はふたたびミカエルになったのです。

このことを理解するには、ゴルゴタの秘儀を別の観点から考察し、この秘儀の生じた本来の意味を問わなければなりません。キリストと呼ばれる本性は、そのときゴルゴタの秘儀を通して、そして死の門を通ることによって、この上なく重要な使命を果たしたのです。地球紀の進化全体の中で、キリストが死んだという事実をゴルゴタの秘儀のもっとも重要な本質的出来事とみなすことなしには、この秘儀のことを何も語れないのです。

自然法則を考えてみると、この法則を研究することによって多くのことが理解できるようになります。そして地球紀の未来の進化の中でも、この研究によってさらに多くのことが学べるでしょう。けれども、生命そのものを理解しようとするのなら、進化そのものの意味を理解することが不可欠です。そして、それは決して自然法則の研究によっては果たせないのです。このことが認識できなければ、単なる夢想家になってしまいます。たしかに私たちの時代には、科学認識によっていつかは生命原則を本当に理解できるようになる、と信じている夢想家たちがいます。しかし、決してそうはならないでしょう。地球紀の進化の過程でなお多くの法則が感覚を通して発見されるでしょう。けれども生命原理そのものは、こういう仕方では、決して解明されません。神秘学の認識を手段にするのでなければ、不可能なのです。

生命は、この地上では、科学の手が及ばない事柄なのです。生命が人間の知力の手には負えないように、同じことが意識についても言えます。意識の本質を知るためにも、超感覚的世界の中で獲得される真の知力が必要になります。超感覚的世界の領域全体では、死は存在しません。人間が死ぬことができるのは、この地上の物質界においてだけです。あるいは地球と同じ進化の過程を辿っている世界においてのみです。そして人間よりも高次の位階に属しているすべての本性たちは、死のことはまったく知らずにいます。たださまざまな意識状態だけを知っているのです。

高次の本性たちの意識は、時には私たちの睡眠と似たように、曇ってしまうことがありえます。しかし、そのような睡眠からまた目覚めます。霊界には死は存在しない。意識が変化するだけなのです。人間のもっている最大の恐怖である死の恐怖は、死んで超感覚的世界へ昇っていった人には、感じられることがないのです。死の門を通った瞬間に、死者の意識状態は集中した感受性をもっています。その状態は明るいときも暗いときもあるとはいえ、その意識が死んでいると思ったら、大きな間違いです。

ですから、高次のヒエラルキアの存在にとって、死は存在しないのですが、唯一の例外がキリストの場合なのです。けれども、キリストのような超感覚的本性が死んでいけるには、あらかじめ地上に降下しなければなりません。そして、このことがゴルゴタの秘儀においては計り難いくらい重要なのです。自己本来の領域では、意識の分野で死をまったく経験したことのなかった本性が、人間に固有の死を経験するために、地上に降下しなければならなかったのです。

この本性が死を経験し、死の運命を地上の人びとと共有することによってキリストとの間が内的な絆で深く結ばれたのです。すでに述べたように、キリストの死は私たちの今の進化にとって、最大に意味のあることだったのです。

私たちの地上の進化のために、当時実際に生じた事柄については、これまで何度も述べてきました。ある霊的な本性が、唯一可能な仕方で、それまではもっぱら宇宙的な存在であったにもかかわらず、ゴルゴタの秘儀という死の体験を通して、地上の進化とひとつに結ばれたのです。この死はゴルゴタの秘儀を通して地球の進化の中に組み込まれました。それ以前にはないことでした。この本性は宇宙に属していたのに、ゴルゴタの秘儀を通して宇宙から離れて、地球に受肉したのです。そのとき以来、この本性は地球にあって、地球と結びつき、地上の人たちの魂の中に生き、地球での人生をこの人たちと共有しました。ですから、ゴルゴタの秘儀以前のすべての時代は、地球の進化にとって準備の時代だったにすぎません。ゴルゴタの秘儀が、存在する意味を地球に与えたのです。

ゴルゴタの秘儀が生じたとき、ナザレのイエスの地上のからだは――私たちの所有するさまざまな報告からも分かるように――地球の諸元素《エレメンツ》に委ねられ、キリストはそのときから、地球の霊的領界に結びつき、そしてその中で生きるのです。すでに述べたように、私たちには比較すべきものがないので、ゴルゴタの秘儀のことを述べることは、非常にむずかしいのですが、それにもかかわらず、別の観点から近づく試みをしてみたいと思います。

周知のように、キリストはヨルダン川での洗礼以後、ナザレのイエスの体内で三年間、ひとりの人間本性が地上の人びとの間で生きるように、生きました。私たちはこのことを、人間の肉体でのキリストの啓示と呼ぶことができます。キリストはゴルゴタの秘儀において自分の身体を脱ぎ捨てたあと、一体どのようにみずから啓示しているのでしょうか。

もちろん私たちは、キリストの本性を途方もなく高い存在である、と思っています。けれどもそれほどまで高貴であるにもかかわらず、ヨルダン川でのヨハネの洗礼以後の三年間、人体をまとって生きることができました。あの時からのキリストの啓示は、一体どのようなものだったのでしょうか。もはや人体をまとってはいません。彼の人体は地球の物質界の中に移され、地球体の部分となっています。神秘学の研究によれば、この本性は天使のヒエラルキアに属する存在となってふたたび現れてきたのです。

ヨルダン川でのヨハネの洗礼以後の三年間、救世主が人体をまとって現れたように、死を遂げたあとのキリストは、直接天使となって、人間より一段階高次の霊的存在となって現れています。見霊力のある人たちには、キリストはいつでも天使の姿で現れるのです。天使となって、いつでも進化に関わってくれています。ナザレのイエスのからだに受肉したキリストは人間だったのですが、今キリストは天使となっているのです。

これはキリストの外の姿にすぎませんが、偉大な、崇高な存在が霊界から降下して、三年間人体をまとって生きていたように、その後のキリストは人間よりも一段階、高次の進化を遂げた存在の姿で現れているのです。

霊的存在が人間の、または天使の姿でひとつの行為を成就するとき、それによってみずからも進歩します。こうしてキリスト＝エホヴァは進化を遂げます。キリストは今や、人間としてではなく、自分の鏡像によってではなく、自分の反射光によってではなく、エホヴァの名によるだけでなく、直接みずからを現すようになったのです。

ゴルゴタの秘儀以後、地球紀の進化の中に現れたすべての教義、すべての叡智がそれまでと異なるのは、ミカエルの霊性が地上に現れたことにより、ミカエルの霊感によって、キリスト衝動、ゴルゴタの秘儀の意味が理解できるようになり始めた、という事実によるのです。しかし、あの時代のミカエルは、はじめはキリストの光の反映であるエホヴァの使者でした。まだキリスト自身の使者ではなかったのです。

ミカエルは、ゴルゴタの秘儀の以前にも、約五〇〇年にわたって、古代秘儀、プラトンなどを通して、人類に霊感を与え続けました。けれどもゴルゴタの秘儀が生じ、キリストが地球の進化と結びついた後では、ミカエルの直接の影響が途絶えました。私の著書『神秘的事実としてのキリスト教』に述べられているように、福音書の成立した時代には、ミカエル自身はもはや人類に霊感を与えることができず、ただ自分の仲間である大天使たちを通して、多くの魂に無意識的に霊感を与えるような仕方で、働きかけることができただけでした。

福音書の記者たち自身は明らかな神秘認識を持っていませんでした。ミカエルの時代は、ゴルゴタの秘儀が生じてからまもなく終わりました。ミカエルの仲間である他の大天使たちは、人びとに対して、ゴルゴタの秘儀を理解させられませんでした。このことは、さまざまなキリスト教教義が異なった解釈を受けることになる理由でもあります。こういう教義の中で、ミカエルの仲間たちは人びとに霊感を与えました。こういう教義はミカエル自身によって霊感を与えられた結果ではありません。他の大天使たちの霊感とミカエルの霊感との関係は、ちょうど惑星たちと力強い太陽の関係と同じような関係にあるのです。

今、初めて私たちの時代に、ふたたびミカエルが直接霊感を与えるような影響が始まりました。ミカエルが直接霊感を与えるようになるのは、一六世紀以来の準備の結果なのです。一六世紀の頃、人びとに霊感を与えたのは、ミカエルにもっとも近い大天使でした。この大天使の霊感は、私たちを近代自然科学を完成させるように導きました。現代の自然科学は、ミカエルの霊感に由来するのではなく、ミカエルの仲間のひとり、ガブリエルの霊感に拠るのです。この科学的な霊感は、もっぱら物質界の理解へ導いてくれるような、脳の働きと結びついているような学問、考え方を生じさせました。

ミカエルはこれまでの二、三〇年間は、科学に霊感を与える役割を演じてきました。けれども、これから数世紀間のミカエルは、一六世紀以降、一段一段進歩してきた物質科学と同じように重要な、いやそれより計り難く重要な霊的内容を世界に提供してくれるでしょう。大天使である彼の仲間が以前、人間に科学を贈ったように、ミカエルは将来私たちに霊的認識を与えてくれるでしょう。今、私たちはその発端に立っているのです。ミカエルがゴルゴタの秘儀の五〇〇〇年前に、キリストの鏡像であるエホヴァの使者として、時代を刻印づけたように、当時のミカエルがまだエホヴァの使者であったように、今私たちの時代のミカエルは、キリスト自身の使者になったのです。

ゴルゴタの秘儀を直接準備した古代ヘブライ時代の秘儀参入者たちがエホヴァの外的な顕現としてのミカエルに向き合うことができたように、今私たちはエホヴァの使者からキリストの使者になったミカエルに向き合うことができるのです。そして、そのミカエルから、これからの数世紀間、ますます明らかになってくる霊の啓示を受けて、私たちはますますゴルゴタの秘儀の謎を解明することができるようになるのです。二千年前に生じたこと、しかしさまざまなキリスト教の分派たちによってしか世に知らされなかったこと、そのことの深い意味は、二〇世紀になって、科学の代わりにミカエルの贈りものである霊的認識を働かせることで初めて明らかになるのです。そのことを知るとき、私たちは、私たちの時代を生きることの意味を限りなく深い感情で感じとるのです。最近の数十年間に、私たちにそのような理解をもたらしてくれるひとつの門が開かれたことを、私たちはやがて経験するようになるでしょう。

ミカエルは私たちに新しい光を与えてくれるのです。その光は、ゴルゴタの秘儀の時代のミカエルが与えてくれた光の新しい形なのです。私たちの時代の人びとは、この光の中に身を置くことができます。このことが感じとれたら、まさに今始まる新しい時代の意味が理解できるようになります。私たちが今体験し始めている霊的開示は、これからの数世紀の間に地上の人類の生活の中に働きかけてくるはずです。実際、人類がこれまでよりもっと自由になったなら、自分の意志でこの開示を受けとるようになることができるでしょう。

私たちの時代に高次の世界でひとつの出来事が生じているのです。この出来事はゴルゴタの秘儀の甦りの時代を私たちに可能にしてくれたのです。キリストが人間となって現れた、ヨルダン川でのヨハネの洗礼での出来事は、これまで何度も私たちの魂の中に深い印象を与えてくれました。このキリストはゴルゴタの秘儀以後、外的形姿について言えば、天使の位階に身を置いて、眼に見えぬ姿で地球と結びついて生きてきました。

先程言いましたように、超感覚的世界には死は存在しないのですが、キリスト自身は、私たちの世界に降臨したことによって、人間と同じ死を体験し、そして、ふたたび純粋に霊的本性になったあとも、自分の死のことを想起し続けました。しかし、天使の位階にあってふたたび外にみずからを現したときの彼の意識は、曇らされるだけにとどまりました。

一六世紀以降、地球紀の進化に不可欠だった科学の勝利がますます確かなものになると、超感覚的世界にとっても重要な事態が人類全体の進化の中に現れてきました。かつてなかったほど集中した仕方で、唯物主義的、不可知論的な感情が、科学の勝利と共に強くなってきたのです。以前にも唯物主義的な傾向はありましたが、一六世紀以降に現れたような烈しい、集中した唯物主義は存在したことがありませんでした。人びとは生前の唯物主義的な理念の成果をもって死の門を通り、その結果、一六世紀からは、地上の唯物主義の種がますます霊界へ持ち込まれました。この種子は霊界で成長し続けました。

キリストは古代ヘブライ族の出であり、その地で死を遂げました。その後、キリストの外の形態をとるようになった天使存在は、一九世紀の間に唯物主義的な人びとが死んで霊界に持ち込んだ唯物的な働きで意識が薄れていく苦しみを味わいました。そして、このような霊界での意識の喪失が、二〇世紀にこの世を生きる人たちの魂の中でのキリスト意識の復活につながるのです。この意味であらかじめ言うことができるのですが、二〇世紀からは、人類の意識から失われたものが、必ずふたたび見霊意識となって甦ってくるでしょう。はじめはごくわずかな人たちが、のちにはますます多くの人たちが、二〇世紀に、エーテル体のキリストの、つまり天使の姿をしたキリストの出現を知覚するようになるでしょう。人類のために、私たちの地上界のすぐ上のエーテル界に意識の破壊が生じました。そこはゴルゴタの秘儀の時代とこんにちの時代との間にキリストが出現した世界でした。

ゴルゴタの秘儀の時代、パレスティナのあまり知られていない一隅で人類史上最大の出来事が生じたのですが、当時の人びとにはさほど注目されずにいました。そういうことが生じえたというのは、本当に驚くべきことですね。一六世紀以来、この世を去った人たちがキリストの前に立ちふさがったこと、そして一九世紀の間に生じたことを思い出して下さい。

今、キリストの意識が二〇世紀の人びとの地上的な意識と結ばれるのです。なぜなら一九世紀における天使界でのキリスト意識の死は、地上界でのキリスト意識の復活を意味するのですから。ですからキリストの生命は、二〇世紀から、ますます人間の魂の中で直接的な個人的体験となって感じとれるようになるのです。

あの当時、時代のしるしを読み解くことのできた少数の人びとだけがゴルゴタの秘儀に接して、この偉大な強力な本性が霊界から降下し、地上を行き、死を遂げ、その死を通して自分の存在の実体を地球と結びつけた、と理解できたのですが、今私たちは、私たちの世界のすぐ背後にあるエーテル界で一種の霊的な死が、意識の止揚が生じ、それと共にゴルゴタの秘儀のひとつの繰り返しがなされたことを知ることができます。この繰り返しによって、以前は隠されていたキリスト意識の復活が地上の人びとの魂の中に生じることができるようになったのです。

多くの人がゴルゴタの秘儀以来、キリストの名の下に活動してきました。そして二〇世紀からは、ますます多くの人が神秘学の伝えるようなキリストの本性についての知識を人びとに語れるようになっていくでしょう。その人びとはキリストを、自分自身の経験をもとに教え、伝えることができるようになるでしょう。キリストは二度にわたって十字架につけられたのです。一度は西暦の始めに物質界で肉身を、二度目は一九世紀に先程述べたような意味で霊的に、十字架につけられたのです。当時の人はキリストのからだの復活を体験しました。二〇世紀の人はキリストの意識の復活を体験するのです。

以上、わずかな言葉で述べてきたことは、次第に人びとの魂に浸透していくようになるでしょう。そしてそれを仲介する使者が、今、キリストによって遣わされたミカエルなのです。

かつてミカエルは人びとの魂を導き、天から地へ移ったキリストの生涯を理解させました。今ミカエルは、キリスト意識が無意識状態から意識状態へ移っていくのを体験できるように人びとを導いています。キリストが地上を生きていた時代に大多数の人びとは地球紀の進化にどんなに大切な出来事が生じたのか理解できなかったように、現代も外の世界は、唯物主義の力を拡大しようと努め、これからも長いあいだ、今日取り上げたような事柄を空想であり夢想であると、多分また愚かさの現れであるとみなし続けるでしょう。そして、このときにキリストを新たに開示しようとしているミカエルの真実をもそのように眺めるでしょう。しかし、それにもかかわらず、多くの人が今、黎明のように明るみ始め、そしてこれからの数世紀間、人間の魂の中に太陽のように光を注ぎ込むミカエルを認識するようになるでしょう。ミカエルは常に、太陽と比較されうる存在なのです。多くの人がこの新しいミカエルの啓示を認めようとしないとしても、この啓示は人類の上に拡がっていくでしょう。

以上がゴルゴタの秘儀との関連において今日、申し上げたかったことです。西暦の始めに生じたゴルゴタの秘儀とこんにち生じている第二のゴルゴタの秘儀との関係についてです。どうぞ真実の神秘学徒となって、この思い、この感情を共有しようとして下さい。時折、別の諸啓示も現れるでしょう。私たちは自分の感覚をそのために開いておかなければなりません。こういう感情をもっぱら自己満足のために役立たせるとしたら、エゴイスティックになってしまいます。神秘学をもって学んだように、自分をこのような啓示のために道具にしようとすることこそ、私たちの義務なのです。

私たちがごく小さな集まりの中でゴルゴタの秘儀のこの新しい真実を理解し、ミカエルのこの新しい啓示を受けとろうと努めているだけにすぎないとしても、それでも私たちはひとつの新しい力を育てているのです。その力はこの啓示への私たちの信仰から得る力では全然なく、もっぱらこの啓示そのもの、真実そのものから得る力なのです。

世間が聴く耳をもっているとき、今からキリストの新しい啓示が始まる、ということを世間に語り伝える用意ができているのは、ほんのわずかな人にすぎません。しかし、私たちはそのことを安んじて認めようと思います。私たちは安んじてそのことを認め、そしてこの啓示がますます拡がり、そして持続することに役立とうとするあの小さな集まりに属そうと思います。私たちはこの啓示の内なる力を育てようとします。そうすれば、おのずと、この力が人びとの中に拡まっていくでしょうから。この認識は次第にすべての人のものになるはずなのです。

これは私たちが叡智と呼び、多くの人が愚かさと呼ぶ事柄です。私たちがしっかりと立っていられるためには、今の時代が第二のミカエル啓示の時代であることを想い起こすだけで十分なのです。第一のミカエル啓示の時代の或る秘儀参入者はこう言いました――「人間の前ではしばしば愚かさに見えるものが、神の前では叡智なのだ」、と。

私たち自身のために、こういう感情、こういう霊的認識の中から力を取り出そうと試みて下さい。この認識は多くの点で外の世界には愚かさとしか思われません。感覚だけに頼っている人は愚かとしか思えないことが、私たちにとっては叡智と光でありうることを認める勇気をもって下さい。私たちが魂の力を総動員して確信できるものにしようとしている霊界認識を、どうぞしっかりと持てるように試みて下さい。

言語の霊的考察

(『霊学から見た芸術と人生の諸問題』から)

ドルナハにて

1915年 7 月17日、18日

(Kunst-und Lebensfragen im Lichte der Geisteswissenschaft, 13 Vorträge)

第一講

言語の領域――高次の世界の鏡としての言語

一九一五年七月一七日

人が霊的な進化を遂げていくと、しばしば述べてきたように、高次の世界を知覚するようになり、自分とこの高次の世界との関係を新たに構築していかなければならなくなります。私たちはこの世に対して、地上の存在たちとの関連の下で態度を決めていくことに馴れていますが、そのとき地上での私たちは、人間として、鉱物、植物、動物に対して、上から見下ろすような態度をとっています。そして人間としての自分を、この物質界のもっとも高等な生きものだと感じています。そういう態度で眼の前の鉱物、植物、動物についてのイメージ、概念を作っているのです。

私たちはここにおり、世界は私たちの外にあります。私たちはこの世界を外に知覚します。私たちは外の世界が私たちに提供するものを、いわば自分たちの中に取り入れます。私たちの魂の中でその提供されたものを自分のものにして世の中を生きています。対象は外にあります。

存在しているものたちは、私たちの外にいます。そして、その外にいる存在たちが私たちに、私たちの知覚を通して外から働きかけています。私たちはその伝えてくれるものを、魂の中で自分のものとして担っているのです。

この観点から地上の被造物たちのことを語ろうとすれば、こう言わなければならないでしょう。――まるでこれらの鉱物、植物、動物たちは、私たちに認められ、私たちに知覚されようと望んでいるようだ、と。

さて、私たち人間はこのような仕方で世界と向き合っているので、高次の本性たちに対しても、同じような態度で臨もうとしがちになるのは、とてもよく分かります。だからきっとこう思うでしょう。――自分が高次の世界へ上っていくなら、天使、大天使、人格霊なども、ちょうど鉱物、植物、動物が物質界で自分のまわりから働きかけてくるように、自分のまわりに拡がっているであろう。

しかし、そうではないのです。私たちが霊界への境域を超えていくなら、私たちと霊界との関係はすぐにまったく違った関係になるのです。私たちは、しばしば言われてきた次のことを本当に真剣に受けとらなければなりません。すなわち、私たちが霊界に一歩でも足を踏み入れるや否や、私たちの霊的な知覚能力が拡大するや否や、私たちのほうがまわりにいる存在たちと一緒になろうとするのです。私たちの本性がそれらの存在たちのほうへ拡がっていこうとするのです。

あまり美しいとは言えない、俗な言葉を使えば、私たちは霊的な本性たちの中へ這《は》い上がっていって、それらとひとつになるのです。物質界の存在たちは、いつでも外にいると感じられます。そして、私たちが外の存在を知覚すると、その知覚したものが私たちの中へ入ってくるのです。しかし、高次の世界の本性たちに対しては、私たちのほうがそれらの中へ入っていこうとするのです。鉱物、植物、動物たちが私たちに知覚されようとしているように、私たちは高次のヒエラルキアの本性たちによって知覚されようとするのです。言い換えれば、私たちは高次のヒエラルキアの本性たちのための知覚対象になるのです。

私たちは周囲にいるいろいろな動物を眺めることができますが、霊界での私たちは高次のヒエラルキアの本性たちに眺められているのです。その本性たちが私たちを見下ろしており、そして私たちは自分が見られているのを体験するのです。高次の本性たちの知覚とは、そもそもそういうものなのです。ですから、私が天使を知覚するのではないのです。そうではなく、私は自分が天使に知覚されていると感じるのです。

境域の彼方の霊界のことを語るのでしたら、この体験をよく知っていなければなりません。通常の民族言語も、しばしば適切な表現をしています。「私が何をしようと、私がどこにいようと、神様が私を見ていて下さる」。この言い方は、霊学が見出した事実のとても適切な表現になっています。

ですから、民族言語の中のこういう古い言い廻しを探してみると、こういう表現だけからも、昔は素朴で根源的な直観力で、こんにちの唯物主義者よりもはるかに、高次の世界の本性たちによって人間が見られている、という事実をはっきり知っていたと思わざるをえないのです。

では、高次のヒエラルキアの本性たちが私を見ているというのは、もっと具体的にどういうことなのでしょうか。この問題に対しては、一見かけ離れているように思える考察をすることが大切になります。この一見かけ離れた考察から直接、この問題へ上っていくことができるからです。ですから今日は、このあまり関係のないように見える考察をさせていただきたいと思います。

今の話のほかに、これまで何度も取り上げてきた別の事柄を思い出して下さい。地上を生きる私たち人間の重要な魂の能力のひとつは記憶です。人生のすべてが記憶に依存している、ということを私はしばしば強調してきました。記憶が失われた瞬間に私たちの自我による関連づけのすべては妨げられてしまうのです。私たちの紡ぎ出してきた糸が断ち切られてしまうのです。これまでも述べてきたように、記憶が失われた人は、非常に不幸な状態に陥ります。誰かが突然、心を震撼させられるような何かに遭遇したとき、記憶の糸の切れてしまうことがあるのです。そういうとき、知性や判断力は少しも損なわれずにいます。自分が昨日誰だったのかさえ憶えていない人が、現在と昨日、一昨日に体験したこととの関連を何ひとつ知らないような人が、まったく無傷な知性を働かせてバーゼルへ出かけて、そこの駅で切符を買い、列車に乗って、そして今、この戦時中でしたら困難でしょうが、実際にそういうことがあったのですが、突然インドのボンベイに現れて、そこで自分が何者なのかを発見したのです。そのときもその人は、ある場所から別の場所へ、この場合には遠い東洋の一角にまで行くのに必要なことをすべて手際よくやってのけていたのです。この人には知性も、正しい判断力も欠けていませんが、記憶の糸を辿ることだけができなかったのです。

このような症例は数限りなく生じてきました。私のよく知っていたある別の男性も、ある日、記憶を失って、世界中を旅し続けて、そして中部ヨーロッパのある都市に、記憶を失ったまま辿りつき、浮浪者の救護施設に収容されて、そこで三週間後にやっと記憶が甦り、我に返ったのです。

記憶力、さまざまな体験をひとつにまとめる能力は、この世を生きる私たちにとってのもっとも重要な能力のひとつです。この記憶力は、秘儀に参入した瞬間に、または肉体の死を遂げた瞬間に、変化します。私はここでは後者の場合だけを取り上げようと思います。

私たちが死の門を通過しますと、この世でもっていた記憶はもはや必要なくなります。なぜなら、そのときの私たちは、それまでのさまざまな出来事から残っていたもの、アカシャ年代記に記されたものだけを見ているのですから。私たちはただ過ぎ去ったものだけに眼を向ければいいのです。思い出す必要はないのです。しかし、記憶力は残って、ある別のものに変化するのです。内なる魂のより能動的な力に変化するのです。同じ力が失われることなく、そこにあるのです。

このことが可能なのは、私たちがこの地上の人生において記憶力を育成してきたことによるのです。私たちの記憶がこの地上の人生のために、生まれる前の、最後の死から今世の誕生までに辿ってきた諸状態に戻っていかないことには、本質的な意味があるのです。なぜなら、もっぱらこのことによって特定の力が濃縮され、この世を生きるための記憶力になることができたのですから。

生まれてから死ぬまでの人生のために機能している記憶力を今私たちが身につけているのは、人間であることの特性のひとつです。人間以外、世界のどんな生きものも、そのような記憶をもっていません。人間という本性が地上に受肉するとき――天使の場合はエーテル化するのですが――、この記憶が現れます。そして別の状態に移行するまで、人間の場合は死の門を通るまで、働き続けるのです。別の宇宙秩序の別の本性たちは、私たちの場合の記憶と同じ力をまったく別の仕方で育成してきたのです。

さて、私たちよりも一段高次の本性たち、天使の位階の本性たちは、第一に、知覚能力に関して、第二に記憶に関して、私たちとは異なっています。このことを観察するのは、非常に興味深いことです。天使たちは私たち人間の行為や地上での私たちの行為の根底にあるものをいろいろと知覚しています。彼らは私たちを見たり、知覚したりしています。私たちは、天使たちからは知覚の対象なのです。そのとき、なかでも特に重要なのは、天使たちが私たちの何を知覚するのかです。何を知覚するのかというと、私たちの語ることの本質全体を知覚するのです。

語るときの私たちは、思考するとき、理念を働かせるときに較べると、多かれ少なかれ、無意識的なのです。私たち人間の場合、考えるということは、とても意識的な行為です。語るときは、それほどに意識的ではありません。私たちが語るとき、私たちが意識的に考えるときと同じほど意識的ではない、ということは、少し自分のことを観察してみればすぐに分かります。もしも意識的に考えるときと同じくらい意識的に語ろうとしたら、何もかもたどたどしく語ることになってしまいます。私たちが流暢に語れるのは、一つひとつの言葉がどういうアルファベットを組み合わせればいいのか、わざわざ考えたりする必要がないからです。私たちがTとかDとかHとかを使うとき、私たちのアストラル体の中で――私は肉体の中でまでとは言いません。アストラル体の中だけでも――、何が働いているのか考えなければならなかったとしたら、いつものように流暢には語れなくなるでしょう。だからこそ私たちは、言語を何か日常の習慣のようなものとして用いているのです。私たちの意識は、私たちの言語に対しては、私たちの思考に対するのと同じようには関わろうとしていないのです。思考に対しては少なくともある程度まで関わろうとしています。ある程度までというのは、意識は私たちの思考に対しても完全に働きを及ぼしてはいないからです。

とはいえ私たちは、この世では、まさにこの言語によって何か特別のことをしています。私たち人間は、このことに気づいていませんが、しかし、どうぞ考えてみて下さい。皆さんがどこかの或る小さな家に引きこもったとするのです。その家には或る器具があります。皆さんはその器具によって、地上の人びとが或る一日に語るすべてを聞き知ることができたとするのです。そして、このことをもっとよくやれるように、その家にいる皆さんが何か別のことによって妨げられることのないように家を改造したとするのです。こうして皆さんは、この家の中で、地上で語られるすべてが情報として入ってくるような、なんらかの情報機器をもって生きています。皆さんは地上で語られるものの中だけで生きているとするのです。

どうぞ、このことを皆さんが人間として今生きている環境と較べてみて下さい。今の環境の中での皆さんは、鉱物界、植物界、動物界の存在たちと共に生きています。そこは皆さんにとっての現実世界です。皆さんが今述べたような家の中に坐っているのでしたら、そこで語られているすべてが皆さんの世界のすべてである、と言えるでしょう。それが皆さんの周りにひろがっている世界である、ということになるでしょう。

本来、霊的な進歩を通してこの世界、もちろんそのときは小さな家の中ではなく、霊的な進歩の状態の中なのですが、この世界の中にいる自分を感じるには、それほど多くのことが必要なのではありません。その中にいる自分を感じるには、次のことをわきまえているだけで十分なのです。――このような領域において、人びとが語るのを天使たちは聴いている、ということをです。ただし例外があります。それは地上の人間たちがその語る言葉の中にしばしばひどく厄介で面倒な概念を持ち込む場合です。つまり、面倒な概念世界だけは例外なのです。

ですからそこにいる人は、今、天使たちが人びとの語るすべてに耳を傾けていることを知っているのです。ただ、このことがまったく現実的な体験なのに、霊的に進歩している人たちは、このことに注意を払っていません。なぜかというと、すぐに、てんでんばらばらに語られる事柄に呆然とさせられてしまうからです。このことは一種の麻痺状態を引き起こすのです。そのためにこの体験があまり観察されずにいるのです。

だから大切なのは、内的にそれにふさわしくみずからを強くすることです。そうすれば何か違ったものが知覚できるでしょう。てんでんばらばらな声を聞き流して、別のまったく違ったものを知覚するでしょう。そのときは、ちょうどこの物質界で鉱物が自然法則に従って生きているのと同じように、言語が法則に従って生きている領域の中にいるのです。そのときはもはや無益な議論を知覚するのではなく、法則を、それに従って語られるところの言語の法則を知覚するのです。

もちろん、その際には一定の困難を乗り超えなければなりません。なぜなら、そのときの知覚は、すべての瞬間を断ち切ってしまうからです。ここで私はもうひとつの問題に入るのですが――今述べた世界を支配している法則を知覚しようとするのでしたら――、天使たちの記憶を持たなければならないからです。合法則性だけが支配している鉱物界の中へ降りていったときの私たちは、地上の人びとのごちゃごちゃな話し声を聞いて耳がぼーっとなってしまうように、はじめはぼーっとなっています。しかし、私たちは人間として進歩することでこの麻痺状態を超えていきます。そして鉱物界の合法則性だけを知覚します。それと同じように、言語の合法則性をも知覚するのですが、けれどもそのためには、天使の記憶力が必要なのです。

そこでの私たちは、ある宇宙（世界）層と別の宇宙層との関係がどのようなものであるかを、本当に生きいきと体験するようになるのです。ある宇宙層から別の宇宙層へ来るときの私たちは、まったく違った状況へ、まったく違った内的法則へ移されるのを感じます。このことは高次の世界を知覚するときの本質的な体験です。ひとつの世界から別の世界へ移るときには、次のように言えることが本質的に大切なのです。――同じ世界のさまざまな領域に到るということだけではなく、地上の人間の言語の合法則性から天使が観察している領域へ身を移すような仕方で、別の世界の中へ入っていくのだ、と。私たちの物質界では比較的長い記憶の糸を辿ることが必要になりますが、人間の言語を天使が観察している領域では、まったく別の時間概念が支配しているのです。

そして、そのときの私たちは、ある事柄を人生の別の側から発見するようになります。一九世紀の間にも物質界の側から何人かの人が、例えばヤーコプ・グリムが明らかにした事柄をです。すなわち、人間の言語の進化発展における特定の合法則性です。こうして私たちは、宇宙の内なる合法則的な歩みを見てとるのですが、それは非常に興味深い眺めです。

人間が語るとき――これも語ることの無意識的な性格によるのですが――、子音や音声の内なる力に意識は向かっていません。子音や音声の内なる力は無意識の中で働くだけで、人間の意識はこの内なる力の働く領域の外に向いているのです。けれども天使はこの領域を意識しています。例えば、私たちがsまたは英語のth――英語のthと私たちのsとは音声上、同じ音価をもち、同じ重要な役割を演じています――を含んだ単語を発音したとします。sまたはthが重要な役をしている単語を声に出したとすると、そのときの私たちの現在の意識はsまたはthの中に含まれる宇宙的な力のことは何も知らずにいます。そのときの意識は、概念に対しているのです。音声の中にある意味関連は、この概念によって示されるのです。私たちの意識は、sという音声が開示する内なる本性の外に留まっています。私たちにとっての音声は、私たちの意識の外にあって、直接的な体験になってはいないのです。一方、天使の意識にとっての音声は、直接的な体験なのです。天使は、ｓ ss thのような音声の力の中に何かまったく特別なものを体験しているのです。

私たちは物質的な意識でｓ ssまたはthを重要な音声部分としているような単語を聞いています。一方、天使は人間の語るそういう音声を感じとって、人間が昔語っていたこと、ずっと昔のことを思い出して、言葉に含まれる音声を昔使われていたその言葉の語源の音声に結びつけるのです。天使の意識は、ｓまたはthを聞いて、すぐにｔの音声を思い出すのです。つまり、thもしくはｓがｔであった時代がかつてあったのです。もっと昔に遡りますと、そのｔがｄであった時代もあったのです。

天使のこういう記憶のことを想像してみて下さい。天使はｓまたはthを含む言葉を聞く、と私は言いましたね。今その天使はすぐに、今ｓまたはthのある箇所にかつてｔがあった言葉の形を思い出すのです。そしてさらに、もっと古い時代には、同じ箇所にｄがあったことを思い出します。こういう言い換え、こういう音声の推移には、はっきりした法則があります。すなわち、音声は前進していくのですが、音声はその前へ進む力をまずはじめに主としてアストラル的なものから取り出してくるのです。

音声は次のような傾向をもっています。――音声は、アストラル的なものの力でしばらく言葉の中で生きるのです。つまり音声を生じさせるのに、主として自分のアストラル的なものを働かせるのです。しかし、あとになるとアストラル的なものではなく、主としてエーテル的なものを働かせて音声を生じさせます。同じ音声がいわばエーテル的なものに組み込まれるのです。そしてさらに、エーテル的なものに音声を組み込んだあと、しばらく経ちますと、音声は物質的なものに組み込まれ、物質的なものの中で音声を生じさせるようになります。

このことは規則的に進行します。例えば、ある言葉が一定の時期に、その語の主要な音声がエーテル的なものに組み込まれると、その言葉の意味がどうであろうと――語は意味さえも変化させることができ――、あとになってその音声が物質的なものに組み込まれ、そしてもっとあとになると、ふたたびアストラル的なものに組み込まれます。もっとあとになると、またエーテルの中に組み込まれるでしょう。

音声は、進化の過程で、前進しようとします。植物が春の緑の葉から花を開き、実を結び、そしてふたたび大地に種を落とすように、天使は音声が言語の領界で先へ進んでいくのを観察するのです。音声は言語の中に、言語界の中に、さまざまな仕方で組み込まれます。かつてアストラル的なものの中に組み込まれていた音声がしばらく経つとエーテル的なものの中に現れ、さらに時が経つと、ふたたび物質的なものの中に現れるのを、天使は見ています。その音声はしばらくすると、アストラル的なものの中にいます。

ですから言語圏を観察するときには、音声進化の中に一種のリズム運動が観察できるのです。図のようなリズム運動です〔図1〕。これが音声推移の法則の本質です。この法則は、知っている方もいらっしゃると思いますが、ヤーコプ・グリムが一九世紀に彼の唯物論的な観点から明らかにしてくれました。

この例——dがtまたはthと同価のsに変化するという例をあげるなら——、人間全体が肉体、エーテル体、アストラル体、自我のすべてでアストラル的なものの中に重心を生じさせていることによって、dが呼び出されることが見えるのです。人間はエーテル的なものの中に重心を生じさせることによって、tを呼び出します。物質的なものの中に重心を生じさせることによってsまたはthを呼び出します。

〔図1〕

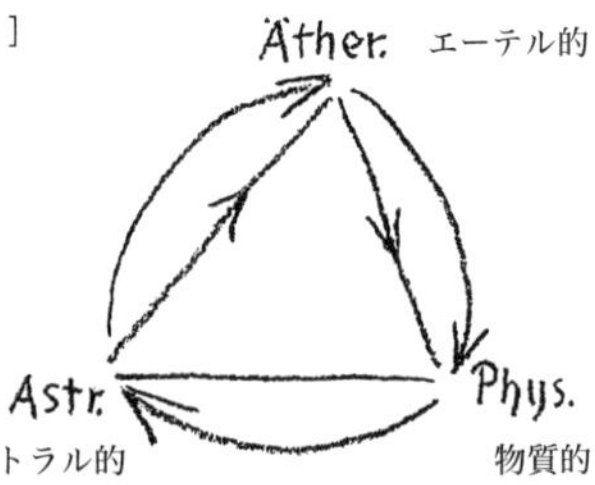

時を経るに従って、ひとつの言葉にこういう音声上の変化、こういう前進が生じることの根底には、何があるのでしょうか。このことを分かりやすい例をあげて説明しようと思います。ギリシア語の thēr ゴート語の dius ドイツ語の Tier（動物）、この三つの語は同じ語です。ただ時代の推移する中で、こう変ったのです。ギリシア語の場合はthをもっています。このthは私たちの（ドイツ語の）s、英語のthと同じです。ゴート語の場合、最初の文字はdです。つ

まり三角形の向かって右下から始まって〔図2〕、左下へ、左下から上へ行く傾向があるのです。thからdが生じるのです。そしてさらに進化していくと、dからtが生じるのです。エーテル的なものの中へ入っていくのです。このように、ここではギリシア語のthēr、ここではゴート語のdius、ここではドイツ語のTierです。これはいずれも同じ言葉、まったく同じ言葉なのです。ギリシア語では重心は物質的なものにあります。そして次のゴート語の場合、アストラル的なものに移って行こうとする傾向がありました。この傾向はさらにエーテル的なものへ移っていこうとして、ドイツ語のTierになりました。

　別の単語の例をあげますと、ゴート語にtaihunという言葉があります〔図3〕。これと同じ意味のギリシア語は、ラテン語と同じでdecemです。このdecemを例にあげますと、ここのラテン語のところにdecemがアストラル的なものとして存在しています。この語はアストラル的なものの中でゴート語へ、エーテル的なものへ移行しようとする傾向をもっています。ですからdが

〔図2〕

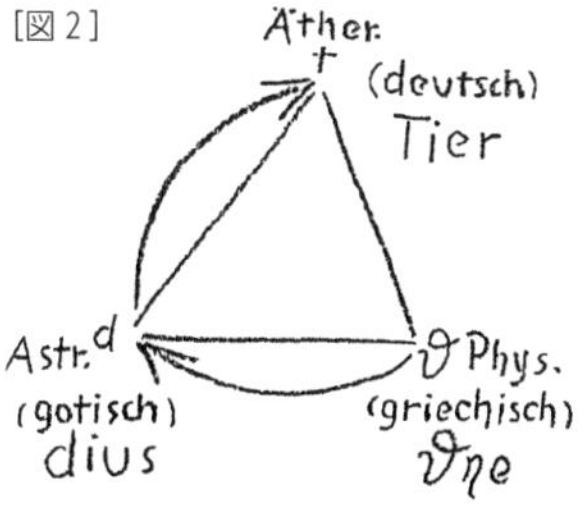

〔図3〕

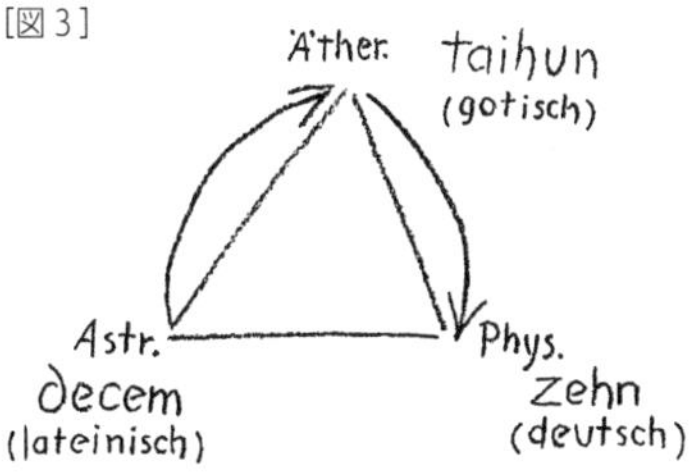

tに変化せざるをえなくなるのです。ゴート語においてはtai-hunになっています。そしてゴート語からドイツ語へ、エーテル的から物質的へ進化することで、tはzに変化し、ドイツ語ではzehn（10）というようになります。

別の非常に興味深い言葉は、ギリシア語のthanatos（死）です［図4］。この語はthをもっています。thはとりわけ物質的なものと結びついています。このthはアストラル的なものへ移る傾向をもっていますから、ゴート語の中に、アストラル的であるdをもつ傾向が生じます。ですからゴート語で、死はdauthusというのです。そしてさらに、エーテル的なものへ向かい、ドイツ語の中でtを持とうとします。ですからドイツ語でTodというのです。

さて、エーテル的なものの中にあり、tをもっているギリシア語の例は、treisです。treisはゴート語では、thまたはsをもっているはずですが、実際threisと言います。この場合は物質的なものの中にあります。ここからアストラル的なものへ行くには、

［図4］

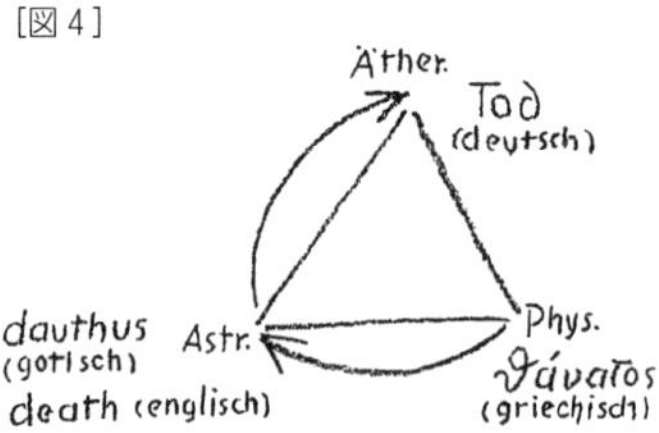

［図5］

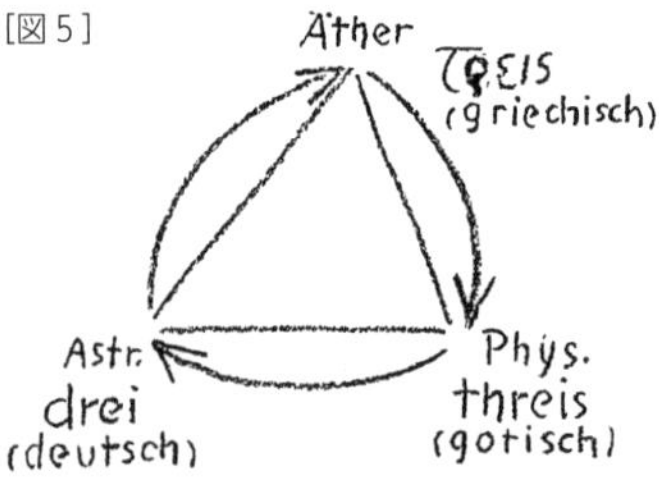

dがなければなりませんが、実際ドイツ語では drei と言います。ここでも次のような三角形が描けます［図5］。

このことから分かるように、言語の中に生きている意味をすべて無視しても、言語の中にはまだ特別なものが存在しているのです。それは一種の三和音です。しかしこの三和音がひびくのは、長い時間の中にまで延び拡がるメロディーの在りように従っているときなのです。私たちがどこかに言葉の出発点をとりますと、別の時代におけるその言葉の同じところに生じる別の音声が共にひびきを発するのです。

以上、私はもっとも単純な変化の例をとりあげました。けれども、以上の例は十分に説明の役を果たしてくれています。別の例ですと、問題をあまりに複雑にしてしまうでしょうから。こういう変化の法則がすべての言語の進化の根底にあるのです。この法則は、細部の細部に到るまで、すべての言語の進化の根底に働いているのです。ただ、現実の進化の過程では、ありとあらゆる進化衝動が交錯しています。ある言語は進化のスピードが速く、別の言語はともかく進化しているのですが、しかし第三の言語は進化を共にしていません。

ですから例えば、ギリシア語の thanatos（死）という言葉を見ると、規則的な進化は th からdへ、dからtへです。ゴート語の dauthus はdを伴っています。英語の death はdに、ゴート語のdに立ちどまっていて、それ以上先へ進もうとはしていません。しかしドイツ語では、同じ意味の言葉がTと結びついています。Todです。

英語は特定の文字の進化に関してゴート語の特徴を保持しています。ただゴート語の内的生命、内的魂から離れてはいますが、いたるところでゴート語の段階に留まってこの法則を守っているのです。ですから「死」という言葉を書くとき、ゴート語の過去の段階を英語の中に見なければなりません。一段階以前に戻っていかなければなりません。

私たちはドイツ語で死を表現するとき、エーテル的なものにおけるTを使います。英語の場合はアストラル的なものの中へ戻って、dを使わなければなりません。英語の場合は、名詞の死deathは終わりにthをもっています。形容詞deadの場合は、終わりにdがあります。

ドイツ語の中で正しくDを先へ推し進めるなら、一段階さらに先へ行くことになるでしょう（図参照）。そうすれば、この終わりのところに、dではなく、tを使うでしょう。ドイツ語の形容詞はtotですから、実際、そのように使われているのです。

ここで皆さんが見ているのは、自然の三領界、鉱物界、植物界、動物界と同じように、私たちの周囲に拡がる領界です。この領界でも、自然界と同じように進化の法則が働いているのです。ただ、三角形で図に示したリズムが生じる時空間は、長い持続期間をもっています。そして天使の記憶が保っているかつてのリズム段階が、音声の中には常に共に響いているのです。

しかしこのことは、もっと別の事柄とも関連しています。音声の法則に関しては、こう言えるのです。――古代のギリシア、ラテンの言語形態に眼を向け、ギリシア、ラテン語形態に似たものを保っている現代語、例えばドイツ語と比較してみると、ギリシア、ラテンの言語形態がこんにちのドイツ語に較べて、二段階古く、ゴートの言語形態は一段階古いことが分かる、と。

世界の進化における非常に多くの事柄を理解する上での大切な観点として、次のことがあげられます。すなわち、時代の流れの中で発達してきた事柄は、同時に空間の中で並存して発達してきた、ということです。自然界の中でさまざまな進化段階にある動物たちが並行して存在しているように、より古い言語形態とより新しい言語形態とが並行して存在しているのです。人類の中にも未開な住民とより開化した住民が並存しているように、とも言えます。ですから別々に発達していった結果、より古い形態がより新しい形態と並んでいるのです。

しかし、そのより古い形態は、外から働きかけてくる多くのより新しい衝動と結びついています。三角形の図に示されているように、音声進化の場合、特にd　t　th（s　ss）の進化について言えます。同じ三角形は、b　p　f にも g　k　ch にもあてはまります。それに対して l と r の場合のリズムはもっとはるかに長い時間を要します。一方、母音の場合の進化をあとづけようとしますと、まったく別の図形が必要になります。しかしどんな場合にも、法則が支配していることは確かです。

時間的な経過が空間的に並存しているのですから、新しいものの中に古いものが生き続けているとは言えません。なぜならもしそうだとしたら、古いギリシア、ラテンの言葉が、その言葉から発達してきた新しい言葉、例えばドイツ語のように、その語彙の最大部分をギリシア語から得てきたような言葉と並んで存在することになってしまうでしょうから。

ラテン系の諸言語は、そのまま現在まで存在し続けてきたのでしょうか。今も存在するとしても、そのまま存在してきたのではなく、存続する中で非常に広範囲の、重要な変化を遂げてきたのです。一つひとつの言葉を変化させ、言葉をこれまでのままにしておかなかったのです。

例えば、死を意味するギリシア語の thanatos という言葉がドイツ語の Tod になったのは、同じ言葉の進化を示しています。そのように、ギリシア語の中の言葉がそのままラテン語に存在し続けたのではなく、そこに新しい言葉が入ってきたのです。なぜなら Tod という言葉の中に含まれている元の意味は、そもそも別の言語の中で進化を遂げてきたのではないからです。ですから別の言語の中にある言葉は、まったく同じ言葉なのではありません。mort は Tod と同じ言葉ではありません。それは見事な言い換えとは言えないのです。

thanatos から進化してきた言葉にとって、ラテン系の諸言語は対応する言葉をもっていません。Tod という言葉には、対応するエーテル的なものの余韻が響いています。これに反して、ラテン系の言語には、エーテル的なものとして、何かまったく別なものの余韻が響いているのです。ここにも非常に重要な変化が遂行されてきたことを知るのも、本質的に大切です。

このことからお気づきになるように、古い書法上、文法構造上の言い換えには、問題があります。問題とは、ある言語から別の言語へ翻訳するときのいわゆる厳密な言い換えのことです。

この問題の根底にある進化の法則は、非常に深刻な事柄です。それは私たちの思考、感情、意志の働きとは異なる意識層に関わる問題なのです。しかし、私たちは別の意識層において、さまざまに思考、感情、意志を働かせて生きています。

私たちの思考は、言語層においては、ほとんどまったく働いていません。私たちの思考は、語ることとほとんど関係をもっていないのです。奇妙なことを言うようですが、たいていの場合、私たちが思考内容を心に抱き、その思考内容を言葉にするとき、ほとんどその言葉は、私たちが紙に書き記す文字の形以上の内容はないのです。文字の形は思考内容そのものではなく、思考内容のひとつの記号にすぎません。そのように、語られた言葉は、思考内容にとっての記号以上には、私たちの思考と関係をもっていないのです。

言葉は思考よりも感情とはるかに結びついています。そして意志とはもっとさらに強く結びついています。なぜなら、感情は思考よりもはるかに潜在意識的な魂の部分に属しているのですから。そしてさらに、意志は感情よりももっと潜在意識的な魂の部分に属しているのです。

人がひとこと語るとき、思考内容に対しては、記号以上の関わりを持ってはいません。感情に対しては、はるかに内密な関係にあります。すでにはるかに深く感情に関わっています。そして、まったく特別に意志と関係しているのです。

こんにちの人びとが主として考えることと語ることとの関係を発達させるようになっていたとすれば、その人びとはさまざまな言語に属するものとして、こんにちのような衝突を繰り返すことはできなかったでしょう。思考との関係において、言語は感情や意志の場合のように内密な性格をもっていないので、そういう衝突を繰り返すのです。感情と意志は、未来になって初めて思考がこんにち進化させているところまで進化することでしょう。感情と意志が問題になるとき、言語とのこの癒着もとても大切な問題になるのです。こんにちの私たちは、意識魂の進化を通して、私たちにとって客観的に生きているもののように、思考を特定の段階にまで進化させようと努めています。ですから、私たちの文化期の終わりには、言語と思考との関係をもはや何か特別に内密なものであるとは感じなくなるでしょう。けれども言語が感情や特に意志に対して何か客観的なものと感じとることができるようになるには、それよりもはるかに長い時間がかかるでしょう。

人間は、みずからの人間性として、思考によるよりももっと感情と意志によってみずからを言語や言語の性格に一致させるようになるのに、はるかに長い時間がかかるでしょう。

ひとつの言葉がどれほど固有の内的生命をもっているか、法則に従った生命をもっているか、いかにthanatosという言葉がdeathになり、後にTodになるような法則に従った生命をもっているか、そのことを私たちが本当に心に思い浮かべるなら、言葉の推移をそのように心に思い描けるなら、ちょうど生きものが幼少期、青年期から老年期へと生きていくように、言葉がギリシア語からゴート語を通ってドイツ語へと生き続けているものをイメージできるようになるでしょう。

そういう生きものが言語の中で三角形を通過してまた戻ってくるとき、同じ仕方で生き続けるのではなく、全体が霊化の過程を辿るのです。dがtへ、tがth（s ss）へ移行するとき、元の段階へ戻るのではなく、別の回転をするのです。ですからこの三角形を平面上にイメージしてはなりません［図6］。

三角形がこのように移行するとき、dからtへ、tからthへ移行するとき、その移行は螺旋形に前進するのです。ですから、そのつど別のところへ移るのです。thへ移行した言葉は、ふたたびdへ戻るのではなく、そのとき、言葉は一度死に、そして自分の変形する力を別の領界へ委ねるのです。言葉は物質的なもの、エーテル的なもの、もしくはアストラル的なものの中に生まれ、自分の進化を辿り、そして死に、それから高次の段階で別の力に変

［図6］

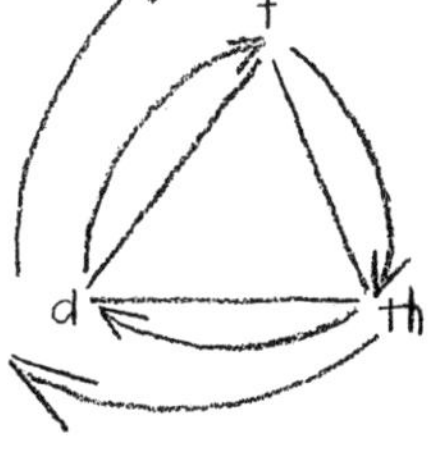

わり、自分の進化を辿り、そして死に、それから高次の段階で別の力に変わり、ふたたび現れるのです。

ですから、私たちが辿ることのできる言葉は、ギリシア語の thanatos から death へ、ドイツ語の Tod にまで来ますと、今、言葉として死を迎えます。Tod という言葉は死ぬのです。この言葉は私たちの第五後アトランティス期の終わりには、もはや存在していないでしょう。しかし、この言葉が作り出した力は、高次の段階で人間の魂の力の中に移行して、私たちの霊学の意味での死の本質をもっと容易に理解できるようにしてくれるのです。

このように力が私たちの魂の中に生じて、霊学の意味での死の本質を理解できるようにしてくれるのです。そのために、一度この言葉がギリシア語の中に生まれ、そして death として ゴート語＝英語の中で青年期を生き抜き、そしてドイツ語の中で老年期である Tod にまで進化しなければならなかったのです。Tod まで来たのです。死の門にまで来たのです。そして死ぬのです。そうすると、その力が魂のより霊的な、潜在的な力に引き継がれるのです。

私たちが子羊や牝牛や雄牛の成長に眼を向け、次第に大きくなり、成長し切って、いつか死んでいくのを見るように、天使は言葉の成立、言葉の生命、言葉の死に眼を向けます。私たちが私たちの世界で植物や鉱物、動物のことを観察するように、言葉のことを観察するのが天使の仕事なのです。

以上のような諸観点を通して、皆さんが言語というひとつの生命のいとなみに注目して下さるように努めました。この生命は無意識的なのですが、私たちの意識に訴えかけています。この生命は高次の段階においては、たちまち現実の生命を展開します。たちまち生きものになるのですから。その生きものたち、四大の生きものたちがどのように発展を遂げるのか、どのように私たちの世界の中で言葉という姿をとって現れるのか、それを洞察するためのいわばひとつの窓、ひとつの門を開こうと努めました。

天使は、霊眼を古代ギリシアへ向け、物質的なものからひとつの四大存在が生まれるのを見ます。その存在がエーテル化し、アストラル化するのを見ます。そして、私たちの第五後アトランティス期が終焉を迎えると共に、この言葉も死んでいくのを見るでしょう。天使は言葉の精霊が進化するのを見ます。そして、この精霊が進化するという事実の結果が物質界にあらわれているのを見ます。その結果、古代ギリシア人が thanatos イギリス人が death 私たちドイツ人が Tod と言うようになったのです。この言葉の変化は、物質界、エーテル界、アストラル界において進化、前進する言葉の本性の足跡なのです。私たちが言語の中に知覚するものは、高次の世界の高次の本性たちの生命の反映なのです。私たちが生まれてから死ぬまでの間に見出す世界における内的進化の反映なのです。

第二講　言語と思考の失われた一致

一九一五年七月一八日

今日の課題は、ルツィフェルとアーリマンの本質を一定の側面から解明することです。今、地上の人間に働きかけているルツィフェルとアーリマンを、少くとも或る意味で、という限定の下でイメージしようとするなら、われわれの地球の月紀での進化をふり返って考察し、そして月紀と私たちの地球紀との関連に注目する必要があります。

これまでいろいろな機会に述べてきましたが、私たち地球紀の進化が可能となったのは、地球紀に先行する土星紀、太陽紀、月紀の遺産に形態霊が働きかけてくれたからなのです。形態霊は地球紀に働きかけて、人間が自我を持てるようにしてくれました。ですから、土星紀、太陽紀、月紀に与えられた人間の三つの本性部分、肉体、エーテル体、アストラル体に、自我を浸透させることができるようにしてくれたのです。言い換えれば、形態霊はみずからの本性を浸透させるように、自我を浸透させてくれたのです。

このように形態霊を自我の賦与者として仰ぎ見るとき、私たちは同時に、この形態霊とはいわば違った組織の持ち主であるヒエラルキア存在たち（人格霊、大天使、天使の本性たち）が共に働いていたことも忘れてはなりません。

形態霊よりもさらに上位へ位置するすべてのヒエラルキアについては考えないでおくと、地上存在の創造者であり支配者であるのは、形態霊とその眷属である人格霊、大天使、天使である、と言えます。これらのヒエラルキア存在のおかげで、ひとつの地上存在が創られたのです。この地上存在とは、いわばその存在全体から、まさにこの地球紀の花として、もしくは最高の実りとして、自我の本性を担った人間のことです。

けれども今、私たちがこの地上存在の現在の状態を考察しますと、この存在の本質が、本来、形態霊やその眷属たちの意図通りに創造されるはずであった地上存在の在り方をしてない、と思わざるをえません。なぜなら、ルツィフェル的、アーリマン的な霊的存在たちが今述べた地上存在の中に働きかけているからです。ですから私たちの知っている人間存在は、正常な進化を遂げた形態霊とその眷属たちによって創造された進化の中にルツィフェルとアーリマンの影響が作用している人間存在なのです。

ですから、地上のすべての存在、人間存在と人間以外の鉱物、植物、動物たちは、もしも形態霊とその眷属たちだけが創造し指導していたとしたら、違ったものになっていたであろうような存在なのです。私たちが眼の前にしているすべては、地上存在の汚され、歪められた姿をあらわしているのです。それでは、もしもルツィフェル的、アーリマン的な捏造がなされなかったとしたら、ただ形態霊とその眷属たちだけが創造し、指導していたとしたら、地上にはどんな地上存在がいたのでしょうか。

そうしたら、今、現に観察することのできるさまざまな現象世界の下に、例えば昨日お話ししたような存在もいたことでしょう。

昨日私は、人間の半ば無意識のいとなみの中で言語の進化が生じている、と申し上げました。人間の地上生活の流れの中に、ある種の言語の進化の法則が働いているのです。けれども、この言語の進化は、人間的＝人格的なものによって受けとめられなければならないのですが、人間はこんにちでも、言語の性格の中に、字母の音声の中に、そして音声と音声の組み合わせの中に、思想の進化のための純粋な記号を見て取るところにまでは達していないのです。

思想の進化は、言語の進化とはまったく違ったものになってしまったのです。ですから私たちは、こう問わなければなりません。もしもルツィフェル的、アーリマン的な影響がなかったなら、言語の進化は、そして思想の進化は、どうなっていただろうか。言い換えれば、形態霊とその眷属たちだけで地球紀を進化させていったとしたら、人間はどのように思考し、どのように語り、どのように人の話を聴いたであろうか。

もしもそうなっていたとしたら、もしもルツィフェルとアーリマンの影響が地球紀の進化に干渉していなかったとしたら、地球紀の進化の中で、言語と思考は完全な一致を示していたでしょう。語ることと考えることとは、完全に一致していたでしょう。

私たちはこの一致をもう一度、あらためて探らなければなりません。そうすることによって、次第に記号としての言語の意味を深め、そうすることによって、ルツィフェルとアーリマンの影響を克服しなければなりません。

もしもこの影響がまったくなかったなら、人類の中で語ることと考えることとが完全に一致していたでしょう。そして、音声の中にあるものに対して、d t thなどに対して、生きいきとした感受性をもつことができたでしょう。語ることは考えることと同じだったでしょう。

このことから分かるように、少くとも本質的な部分で、なんらかの事柄についての思考が一定の形姿を獲得したとき、そのことは概念の中で示されるのではなく、言葉の中で示されるのです。

思考のこの一面化、語ることから分離してしまったという思考の一面化のことに、私たちは眼を向けなければなりません。思考は語ることからすでに分離してしまっているのですから。アーリマンとルツィフェルの働きが地上の存在に及んでいなかったなら、思考は語ることと遥かに深く関連していたにちがいないのです。

人間の内奥の生活感情は、言語に浸透して、音声の中に現れていたでしょう。人間は音声そのものの中で、同時に概念、表象を体験したでしょう。思考と言語は分離することなく、ひとつのものと感じとれたでしょう。形態霊は人間のために、そのような素質を与えてくれていたのです。いいですか、人間の魂が一方では自分のイメージに心を向け、他方では語ることに心を向けるなどとは、形態霊はもともと地上の人間のためにまったく考えていなかったのです。形態霊が人間のために配慮したのは、語ることと考えることとの一致だったのです。この一致の体験こそ、形態霊が人間のために配慮したことなのです。ですから、語ることと考えることとのこんにちの分裂、乖離は、ルツィフェルとアーリマンの影響によるものなのです。

こんにちの人間は、mやgなどに特別の性格があるとは感じません。人間にとってmやgなどは、魂を思考と結びつけるやり方とはまったく違ったやり方で魂と結びつけられています。形態霊とその眷属たちは、人間が現在、地上で獲得できたものよりも、はるかに独立した自然の生き方を人間のために配慮したのです。今のように思考のジュースが絞りとられている言葉の中にではなく、思考を自分の翼に乗せて飛んでいけるような言葉の中に生きられるように配慮したのです。形態霊はそういうことを人間のために配慮したのです。

形態霊の意図に従うのなら、地上を生きる人間は、言語の性格によって互いに区別し合うべきではなく、諸国民は、自然の基礎の上でのみ、つまり地理上、風土上の相違の上でのみ区別されるべきだったのです。国民は当然のようにその土地その土地に働く自然の力との関連においてみずからを国民と感じるべきだったのです。

もしも形態霊の意図だけが実行に移されたのであれば、誰かが或る国の一員として他の国の一員に向き合ったとき、はじめから相手の言葉の内容を感情をもって理解することができたでしょう。さまざまな異なる言語が存在していたとしても、人びとはその異なる言語を互いに理解し合わないのではなく、個々の音声、個々の字母を感じとり、理解し合えたでしょう。異国の言葉を聞いたとき、音声の外側の殻だけを聞くのではなく、音声の中にあるイメージを聞きとったでしょう。言葉の翼に乗って、イメージが響いてきたでしょう。現在の私たちが外国語を理解しないのは、言葉の中にイメージが含まれておらず、言葉はイメージを取り除かれた莢《さや》にすぎなくなってしまっているからなのです。

語ることとイメージすることとの間に、裂け目が生じているのです。こんにちに到るまで、地上を生きる人びとは、異なる言語を感情の力で理解するという能力を発達させることができなかったのです。——現在のさまざまな言語のことを言っているわけではありません。言語は現在とはまったく別のものになっていたかもしれません。現在の言語の場合、ある言語圏に属している人は、別の言語圏に属している人を理解することができません。なぜなら、言語は現在、思考生活が発達してきたようには発達してこなかったのですから。思考生活が言語の中に含まれているような発達を、言語はしてきませんでした。

ですから、言語のこんにち的な発達過程の中では、形態霊が本来考えていたような、そして形態霊の眷属たちによって導かれるべきであったときのような理解を示すことなど不可能なのです。形態霊はそのような言語理解を人びとのために予定していたのです。もちろん、形態霊は、宇宙の衣裳屋であるかのように、すべての人間に同じ身なりをさせるのではありません。人間はさまざまであるべきなのです。けれどもさまざまな人間は、世界のいたるところで、互いに完全に理解し合えるようであるべきだったのです。

そして、形態霊によってそのように想定された人間集団の指導者に選ばれたのは、大天使に属する本性たちでした。この本性たちは月紀の間に月紀で成就すべきすべてを獲得していました。人間集団の一員が、個人として人間集団を指導すべきとき、その指導者は、天使のヒエラルキアの中から選ばれました。月紀において正常に進化を遂げた天使のヒエラルキアの中からです。

もしも形態霊の意図通りに進行していったとしたら、人間は地上のいたるところでさまざまな人たちと出会えたでしょうが、しかしその人たちは、例えば、植生、植物界がそうであるように、地球環境全体と、自然全体としっかり結びついた人たちと出会えたでしょう。しかしその人びとの魂は、言語によって分裂させられてはいなかったでしょう。

ですからそういう人たちは、地球上に唯一の科学、唯一の認識形式を求めたりはしなかったでしょう。特定の数の教義で枠づけされた、たったひとつの知の形態が地上の全人類に通用しうる、などとは決して思わなかったでしょう。知識が、概念的な思考が、個々の言語から切り離され、それによって統一された結果、このような深刻な信仰が、このようなルツィフェル的な信仰が生じたのです。

形態霊の意図通りになっていたなら、人びとはさまざまな人間集団に分かれて、世界の諸事象についてさまざまな態度をとったでしょうけれども、世界の諸事象について自分たちとは異なる態度をとる別の人たちをも感情を通して理解し、肯定して受け容れたでしょう。多様な生き方があることこそが地上の正しい生き方であると思っていたでしょう。

形態霊の意図に従ったこういう事柄のすべては、人間の理解力、受容力から完全に失われてしまいました。事実、現在の私たちの概念生活が国民、民族を超えていかなければならず、反対に言語は国民、民族によって異なっている、という信仰が、まったく見事なくらいに確立しているのです。その中間の立場が形態霊の意図だったのです。すなわち、言語によって区別されるのでもなく、出来上った概念で地球全体が結びつくのでもなく、言語の多様性が考え方の多様性と結びつくのです。これこそが形態霊の意図したことだったのです。

このことが私たちの霊学の分野において、ふたたび理想にならなければなりません。けれども人びとはこのような理想を認めようとしません。認めたくないという思いは、人間本性の中に深く巣食っているのです。こういう理想を認めたくないという思いが人間本性の中に深く巣食っていることを示す一例を申し上げてみようと思います。

まだ憶えていらっしゃると思いますが、こういう時代では、もうはるか遠い時代になってしまいましたが、以前私たちは「神智学協会」に属していました。代表はベザント夫人でした。今ここにいらっしゃる方の多くも、その頃、神智学協会の「コングレス」（大会議）に参加していましたね。そこでは個々のヨーロッパ・セクション（支部）のさまざまな代表たち、事務総長たちがスピーチを行いました。それぞれ自国語でスピーチを行いましたから、言葉の違いがはっきりと意識できました。もちろん結局、たいていのスピーチは理解できませんでしたが、相互の理解を育てるためにも、それぞれが少くとも自国語で短いスピーチをすることになっていたのです。

多分ここにいらっしゃる何人かの方は憶えていらっしゃるでしょうが、私はその会議では、いつも同じことを何年も繰り返しました。どのくらい受けとめてもらえたか分からないままに、私は何年にもわたっていつもひとつのことをスピーチしました。そして分かってもらいたいとひそかに願っていました。その会議ではいつもこう話したのです――「われわれがここにこうしていろいろな国から集まってくるのは、ひとつの中心となる神智学を受けとるためではなく、それぞれの国の神智学思想、神智学行為を共通の祭壇に供えるためなのだ」と。

私はいつでも個的なものを強調したのです。さまざまな側から生じる、そしてただ共通の祭壇だけに供えたいと思える個的なものをです。私は毎年毎年、この同じ思いを繰り返しました。その結果はみじめなものでした。ある人たちには私の言いたかったことが理解してもらえませんでしたし、別の人たちは私の言い分を聞いて感情を害しました。けれども私はひとつの理想を、なくてはならない理想を語ろうとしたのです。地球上のすべてに同じ教義として打ち立てられるような理想ではなく、多様なものが相互理解の中で生かされるように働かなければならない、という理想をです。

まるで真理は一つしかないかのような偏見が、人びとの魂の中に深く根を下ろしているので、私の連続講義の中で何かが或るときは或る仕方で、別のときは別の仕方で述べられていると、人びとはそこに矛盾を嗅ぎつけようとしてしまうでしょう。けれども、私たちにとって大切な心の持ちようは、真理を表現するためにはいろいろなやり方がある、ということをふまえることなのです。ですから大切なのは多様性であって、統一性ではないのです。

この問題全体の根底にあるものを洞察しようとするのでしたら、まず形態霊とその眷族たちに眼を向け、特に語ることと考えることとの関係を具体的に考察し、その上で地球紀のこれからの進化のためにこの関係がルツィフェルとアーリマンの働きによってどう変化してきたのかを見極めなければなりません。この働きをよく知るためには、地球紀の考察に留まるわけにはいきません。ルツィフェルとアーリマンの働きは、月紀においてすでに生じていたのですから。すでに何度も申し上げてきたように、このルツィフェルとアーリマンの働きは、今でも月紀の進化の過程の中に停滞しているので、今でも月紀に由来するものが地球紀に存在しているのです。ですから、ルツィフェルとアーリマンの働きを問題にするときには、形態霊が造物主として働いている中での働きではないのです。形態霊は地球紀のために働く本性たちにとっての造物主なのです。

アーリマンとルツィフェルの本性たちにとっての造物主は、運動霊なのです。ですから人間＝地球紀にとっての形態霊に当たるのが、月紀にとっての、つまりアーリマンとルツィフェルの働きにとっての運動霊だったのです。この運動霊たちは、みずからが創造したものを通して、月紀においては造物主であり続けました。そして運動霊が月紀において、みずからの眷族たち、すなわち当時の形態霊、人格霊、大天使と一緒に創造したのが、正常に進化を遂げた月紀の天使だったのです。

地球紀において人間が七つの本性部分を形成しなければならないように、天使はその七つの本性部分を月紀において形成しなければなりませんでした。

月紀において正常に七つの本性部分を形成した天使たちは、地球紀になって、人間集団、個々の大天使に導かれている人間集団と人間一人ひとりとの間を仲介する霊たちになりました。今述べた個々の大天使は、月紀において七つの本性部分を正常に形成した天使のことです。けれども、そういう現在の大天使たちの中には、月紀においてその七つの本性部分をすべて発達させられず、五つか六つの本性部分だけを形成した当時の天使たちもいました。この本性たちは、地球紀になっても、天使として個々の人間を導いたり、大天使として人間集団を導いたりする能力がありませんでした。

そういう、五つか六つの本性部分しか形成しなかった霊的本性たちは、いわば付随するヒエラルキアなのです。その上に本来のヒエラルキア存在が立っているのです。私たちがアーリマンやルツィフェルについて語るときには、これら付随するヒエラルキアに属するルツィフェルやアーリマンの本性たちのことを考えなければなりません。そういう本性たちは、地球紀の進化にまともな仕方で関わることができませんでした。なぜなら、地球紀の進化は形態霊によって支配されていたからです。そういう本性たちは、形態霊に協力するために来たのではありませんでした。なぜなら天使の段階に立っていたので、人間になることもできませんでしたから。この霊たちは、正常な天使と人間との中間にいたのです。ですから、以下のように述べることができるのです。

この図は人間を中心にした地球紀を描いている、と思って下さい〔図7〕。

一番上は造物主である形態霊たちです。その下に人格霊たち、それから大天使のヒエラルキアの霊たち、さらに天使のヒエラルキアの霊たち。これらの霊たちは月紀の間にそれぞれの七つ、もしくは九つの本性部分を進化させており、もはや形態霊が地上に受肉する人間のために創造したものを必要としてはいません。ただ例えば、天使たちは人間に隣接するヒエラルキアに属していて、人間のエーテル体の中に入ってきます。

そして人間と天使の間には、更なる進化を遂げる能力を手に入れなかった霊的本性たちが存在しています。この本性たちは必要な七つの本性部分を形成しなかったのです。この本性たちは運動霊によって創造されました。私たちは形態霊、人格霊、大天使に導かれてきたのですが、そこに今、この本性たちが加わったのです。この本性たちも本来の使命は、人類の進化を共に導き、そして地球紀の鉱物、植物、動物の進化をも共に導くはずだったのですが、その使命を果たす能力に欠けているのです。

ですから今、この別の本性たちのことを考えなければ、大天使と天

［図7］

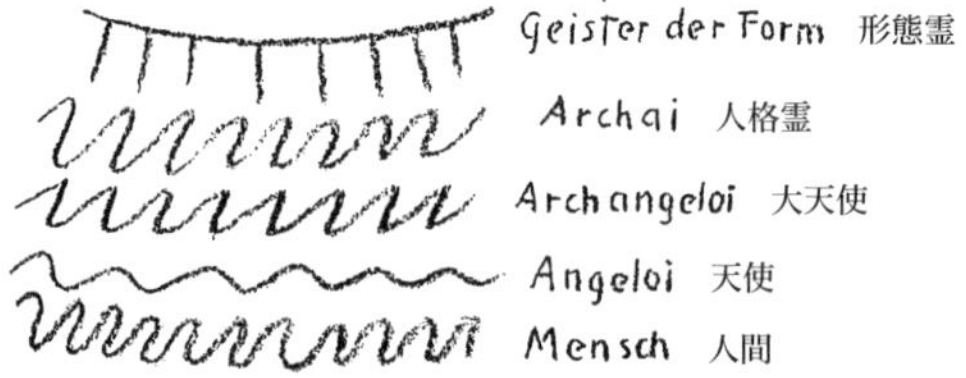

使という二つのヒエラルキア存在がいて、その下で正常な進化を遂げた人間たちがいます。この人間たちは、例えば言語と思考のような、私が述べたような経過を辿るべきであった活動に従事していたでしょう。運動霊の素質を受けついだような存在たちがいなかったとしたら、語ることと考えることとは、先ほど述べたような一致した状態で進化を遂げたでしょう。ところが今、あることが生じました。この上なく重大な宇宙的な出来事が生じたのです。

霊界には、正常な進化を遂げた大天使や天使が存在していましたが、十分な成熟を遂げていない、いわば無頼の徒もいました。そこでどういうことが生じたかというと、正常な進化を遂げた大天使、天使は、この五つか六つの本性部分しか発達させなかった大天使、天使を地上に、天から地へ追い堕としたのです。天国では使いものにならなかったからです。

こうして地球紀の進化のはじめから地球紀の中に眼に見えぬルツィフェルとアーリマンの領界が加わったのです。ルツィフェルとアーリマンは、人間と動物、植物、鉱物を正常な仕方で創造し、支配している霊界から追い出されたのです。未熟な状態に留まってしまったものたちは、追い堕とされて、そして地上に存在するようになりました。もちろん地上の感覚では見ることができませんが。

正常な進化を遂げた大天使と天使は天上にいましたが、停滞していたものたちは、地上をさまよっていたのです。聖書の言葉、「そして彼らの場所は、もはや天国にはなかった」は、このことに関わる言葉なのです。彼らは追い堕とされたのです。

さて皆さん、どうぞ真実に眼を向けて下さい。間違った捉え方をしてしまいがちなのですから。地上にははじめは原始的な状態の人間たちが生きていました。そのことは『神秘学概論』の中で読むことができます。しかし、その人間のすぐ傍には最下位のルツィフェル的本性たちがいました。この本性たちは月紀で停滞していた天使で、人間を導くことができずに、何もしないで、そこにいました。しかし、人間が次第に七つの本性部分を発達させるようになり、地球紀の終わりには第七の本性部分を発達できるという希望がもてるようになったとき、あるいはもっと近い未来において第五、第六の本性部分を発達させることができるという希望がもてるようになったとき、このルツィフェル的本性たちはすでに第五、第六の本性部分を成熟させるところに来ており、ただ第七部分だけをまだ発達させていませんでした。

もう一度、全体をふり返ってみましょう。私たちは今、知性を進化させるために働いています。私たちは今、後アトランティス期の第五期に生きています。レムリア期の人間は、知性を発達させようなどとはまったく考えていませんでした。この本性部分は今、第五後アトランティス期において初めてみずからを現すようになったのです。レムリア期に追い堕とされた天使たちは、月紀以降、人間が今進化させている事柄をすでに自分のものにしていました。今、人間のものになった能力をずっと以前から、すでに月紀の頃からもっていました。そして、後レムリア期であるアトランティス期においてさえ、知的要素という、人間がアトランティス期を終えて、今やっと手に入れることのできた能力を高度に育成していた眼に見えぬ本性たちが大きな役割を演じていました。一方、人間はアトランティス期には考える能力は持てずにいました。人間は知的要素をいま初めて育成しなければならないのです。

このようにレムリア期とアトランティス期には、停滞した霊たちは、高度に発達させた知性をもつ天使として眼に見えぬ姿で浸透していました。この霊たちは本当に高度に進化していたのです。この霊たちが形態霊の意図を妨害してしまいました。形態霊は人間をゆっくりと進化させ、その進化を天使が導くように意図していました。その意図に従えば、人間は第五後アトランティス期に知性を十分に成熟するところまで発達させるべきだったのです。ですから知性と言語とが第五後アトランティス期には一致していなければなりませんでした。ところが、あの眼に見えぬ本性たちが人間の中に混じって暮らすようになったことで、その意図は妨害されてしまったのです。

この眼に見えぬ本性たちの中には、あのルツィフェル的な天使たちがいました。彼らは以前の地球進化期の人間一人ひとりの中に入り込み、憑依したのです。古い時代には、形態霊によって意図されたような人びとが、素朴で根源的な人間として存在していました。しかし、そういう人びとの中に、ルツィフェル的な天使が憑依したのです。そしてその結果、その人びとは途方もなく利口になり、賢くなり、まるで後アトランティス期の第五、第六期の人間のようになりました。インド文化期における七人の聖仙もそのような人だったのです。つまりルツィフェル的な天使によって賢明にされた人たちだったのです。

そういう人たちは、素朴な人たちによって何か特別の、高貴な人物として仰ぎ見られました。ルツィフェル的な天使たちは、その後も繰り返して人間に憑依し、個々の人間にも人間の集団にも働きかけたので、このルツィフェル的な天使たちは、人びとの中に概念世界の国際性、地上のあらゆるところに行きわたることができるような統一的な教義という偏見を植えつけたのです。そういう統一的な教義を信じるとき、多様性の中にではなく、統一性の中に救済を求めるとき、そこにルツィフェル的な霊たちが働いているのです。

この霊たちが表象世界と言語世界とを切り離したのです。思考内容を語られた言葉の中に正しく保つことを不可能にしたのです。こうしてルツィフェル的な統一性が、ルツィフェル的な一元論が全地上に普及していったのです。自分が正しいと思えたことをできるだけすみやかに全世界の人に信じさせねばならないと信じる狂信家には、常にあのルツィフェル的な天使が憑依しているのです。

大切なのは、こういう統一幻想に取り憑かれることなく、多様性を理解し、調和した多様性を大切にしようと努めることなのです。

さて、このルツィフェル的な天使によって別の霊たちのための道が拓かれました。この霊たちは特にインドにおいて悟りをひらいた人物たちとなって現れました。他の人間たちの場合、ずっと後になって初めて可能となるようなものがこのすぐれた人物たちにははっきりと現れていました。この人物たちが、すべての思考の統一性という幻想を地球のいたるところにひろめたのです。

そして今、別の霊的存在にも道が拓かれました。すなわち、月紀に第七部分まで十分に発達させられず、第六部分に立ち止まっていた大天使たちのための道がです。この大天使たちも地域に応じた人間集団の指導者にはなれませんでしたので、地上に追い堕とされ、地上の人間たちの仲間入りをしました。この大天使たちは彼らの首長に命じられて、個々の民族集団に遣わされました。この大天使たちの居るべき場所は、天上ではなく、地上、つまり迷い続ける奈落の中だったのです。この大天使たちも、彼らなりの仕方で、言語を一段階深いところに引きおろしたのです。

先に述べたルツィフェル的本性たちは思考と言語を切り離したのですが、一方、この間違った発達をした大天使たちは、言語の性格をさらにもう一段深く沈めました。だからこそ現在、地上に生じているように、諸言語がばらばらに分かれたのです。

この停滞した大天使、地上の人間集団を導いて、人類を分裂させ、互いに憎み合わせ、ばらばらにした本性たちは、アーリマン的な霊たちでした。高度に進化した本性たちでしたが、諸民族を導く使命はもっていませんでした。形態霊の意味で諸民族を導くのは、七つの本性部分を発達させた正常な大天使たちだったのです。六つの本性部分しか発達させなかった大天使たちは、本来の民族霊に敵対しているのです。

今、私たちはアーリマン的本性たちのことを、より詳しく考察することができました。すなわちこの本性たちは、諸言語を一段低いところに沈めました。ですからどんな概念、どんな思考内容が言語そのものの中に含まれているのか、まったく見えなくなってしまったのです。

ルツィフェル的な天使たちだけだったら、統一幻想が地上に普及したとしても、人間は個々の言語を進化させて、心情の中でなら、統一幻想を克服して、さまざまな言語の中に存在する個別的なものを感じとることができたかもしれません。しかし、せっかくルツィフェル的天使から表象世界を切り離すことができたとしても、そのあとでアーリマン的な大天使が言語をさらにもう一段引きおろしてしまいました。ですから、言語の中に直接的な表象のための感情を生かし続けることが不可能になったのです。

皆さん、ここには三つの力が働いているのです。私たちの木彫が出来上がったら、どうぞ見て下さい。そこにはこの三つの働きが彫塑的に表現されているはずです。進化発展の三つの働きなのですが、その二つの方向は間違わされています。上へ向かって表象の統一幻想によって惑わされており、下へ向かって間違った分化幻想によって惑わされています。下にあるものは、もはや幻想などではなく、事実なのです。すなわち、言語によって人類が諸国民に分化され、分裂してしまっているという事実なのです。

このような状況が地上の進化の中に生じたのです。このことは地上の進化の流れの中に含まれていたのです。そしてこのことのゆえに、統一幻想という信仰と、諸国民への分裂とが時代の流れの中で決定的になったのです。皆さんがよく知っていらっしゃるようにキリストという宇宙的本性が地上に降臨されたのは、まさに時代のこの二つの流れが決定的になった時点でのことでした。

そしてこのことと共に、地球の進化にひとつの衝動が組み込まれたのです。私たちは今この衝動をこの地上世界の中で徹底的に生かし、育てなければなりません。このキリスト衝動の使命は、地球の進化がしばらくのあいだ二つの間違った方向へ向かって突き進んだあとで、それに対抗する衝動をつくり出すことなのです。言い換えれば、正常に進化を遂げてきた天使たちに、彼らがルツィフェル的な進化を遂げて、統一幻想に耽っている天使たちに対抗できるように、より強力な力を与えるというのがキリスト衝動の使命なのです。

すべての知識が一元論的に真実である統一性質を持つ、というのではないのです。その代わりにキリストの正しい理解が現れたのです。すなわち、「理解すること」が現れたのです。自分の考えを人に押しつけるのではなく、他の人の本性の中にある真実を理解するのです。他の人の本性の中の真実を理解するということ、そのことを通して、キリスト衝動は、正常の進化を遂げた天使たちの働きを強化するのです。そしてそのことによって、人びとにとって、各時代にとって、個的に形成された真理を見つけ出すことが理想になりうるのです。そのときには、真実、真理は、ルツィフェルによって幻想の中に完全に閉じ込められた単なる知性によってではなく、魂によって、心によって見出されるようになるのです。

この言葉、真理（真実）は各人の魂の中に存する、という言葉は、別の機会にも述べましたように、深い意味でキリスト的なのです。この言葉の根底には、天使の本性を強化する力がひそんでいるのです。ですから、この天使はルツィフェル的な天使に打ち克つことができるのです。ルツィフェル的天使は、統一幻想という、何もかも一緒くたにする教義を地球全土に広めようとしています。この教義は、いつでも変らぬように張りめぐらされた知性のネットのようです。そのような知性は理解の仕方、把握の仕方の多様性を許容しようとしないのです。

その一方で、正常に進化を遂げた大天使たちの力も強化されなければなりません。それは人間集団が自国語の中に嵌まり込んで、狂信的なまでの分裂状態に到るように促している霊的本性たちに次第に打ち克つことができるようになるためなのです。

正常に進化を遂げた天使と大天使は、キリスト衝動によってより強化されなければなりません。キリスト衝動によって生じる事柄は、人間の思考や感情や立場の中に現れるだけではなく、地球の中で生じるのです。しかも、見えるものを超えて、見えざるものの中にまで及ぶのです。キリストは人間のためだけではなく、天使や大天使のためにもここにおられるのです。実際、キリストは宇宙的な本性なのであり、その本性がナザレのイエスを通して地球の進化に関与するようになったのです。

こうして地球紀の進化のちょうど真ん中の時点で、いたるところにひとつの強化作用が生じました。キリスト衝動が起こったのです。いたるところで天使と大天使のための強化作用が生じました。この強化衝動は圧倒的に強烈でした［図8 violett］。それまで一度も地球紀の中で見ることも聞くこともなかったことが地球紀の進化に関与するようになったのです。それ以前に存在していた原則は自然原則として作用しようとしていました。世界の霊的指導は自然原則というかたちをとっていました。それがヤハヴェもしくはエホヴァ原則です。この原則は、思考と言語を関連づけて、人間にとって当然であると思われるような働き方をしました。現在の私たちの場合の思考は、そういう関連

［図8］

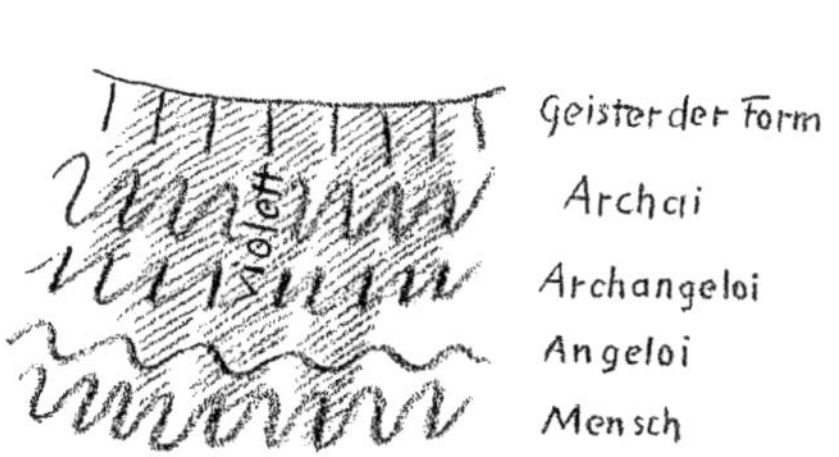

から離れて、霊的になりました。私たちの場合の言語は、自然原則から離れて、魂的になりました。言語は魂的なもの、魂の情熱の表現のために用いられます。思考は一面的に、知的なもの、つまりアストラル的なもののために用いられます。

しかし本来は、そうであってはならなかったのです。思考は一段階低いところにあって、人間はもっとずっと自然に思考すべきだったのです。そして人間は、もっとずっとわずかしか語らず、もっとずっと高い段階で語り、そうして語ったものを理解するのでなければならなかったのです。

このことがしばらくのあいだ別々に進行していったあとで（今回私は語ることと考えることだけを特に取り上げましたが、別の事柄でも同じことが生じました）、ヤハヴェまたはエホヴァ衝動よりもはるかに強力な衝動が生じなければなりませんでした。この新しい衝動は、ルツィフェルやアーリマンの衝動とは無関係なところで形成されました。ルツィフェルとアーリマンの衝動は、ギリシア＝ラテン文化期の中葉に到るまでの地球紀の進化の中で働いてきましたが、……そこにキリスト衝動が入ってきました。この衝動はヤハヴェ衝動よりも強力でなければなりませんでした。そしてこのより強力で、より包括的な衝動は、ルツィフェルとアーリマンが地上に介入しなかったなら、そうなりえたであろうような方向に地球紀の進化を導こうとしただけではなかったのです。ルツィフェルとアーリマンを、彼らが地球紀に介入したあとで、ふたたび彼ら本来の軌道に引き戻す働きもしたのです。

その結果、キリスト衝動は強力に介入したのです。そして人間は初めこの衝動を理解できませんでしたので、前に述べたコンスタンティヌス大帝やオルレアンの乙女などに作用したときのように作用しました。しかし一度この秘蹟を通して、ひとつの強力な影響が地球紀の進化の中に生じますと、その強力な影響は途方もなく重要な働きをするようになるのです。

今、地球紀の進化がさらにどうなっていったか、例をあげて述べてみようと思います。雪の深いところを考えて下さい。そこに列車が走ってきて雪の中を突き進みました。あるところまでは走り続けましたが、雪が厚く積もったところで妨げられ、停車してしまいました。

私たちは似たような仕方でキリスト衝動を見なければなりません。この衝動は強力に介入して、地球紀に働きかけようとしました。しかしルツィフェルとアーリマンの力が、列車の前に積もった雪のように立ちはだかりました。しばらくして、この力は克服されました。……もちろんキリスト衝動を受け容れようとする人たちが十分いるなら、この力はさらに克服されていくでしょう。しかし、立ちはだかる力は生きているのです。その結果、まさに主知主義の時代に、科学の統一という幻想が強力に立ち現れたのです。

以前にはまったくなかったことが生じたのです。精神史の中に読みとることができるように、西暦八世紀、九世紀の頃から、この幻想が特に強力に現れてきました。真理の統一した形を地球の全土に普及させなければならないという幻想がです。

この幻想は特別強力に立ち現れました。特別強力に立ち現れたのは、またもやルツィフェル的天使たちの抵抗でした。この天使たちは勝利を望んでいます。そのために人間たちを誘惑して、同一形式で同一内容の教義に地球全土を支配させようとする幻想、妄想に従わせようとしているのです。教義の一元主義という恐るべき妄想が繰り返し繰り返し人の心を捉えようとしているのです。事柄はこのように関連しているのです。

そしてさらにしばらく経ちますと、主知主義の時代が完全に始まってからアーリマン的な大天使たち、国民幻想――今は幻想＝事実になっています――を生じさせたこの本性たちの大きな妨害、抵抗が生じるようになりました。ルツィフェル原則は八世紀、九世紀でしたが、このアーリマン原則は本質的に一九世紀になって生じました。

そして、地上でのこの原則の担い手はナポレオンでした。すべてを国家原則に帰せしめようとするヨーロッパ的な誘惑、人間の集団を国家によって区分しようとする誘惑はナポレオンに始まるのです。ナポレオンはアーリマンのために働きました。ですから、地球の諸領域を厳格に国家によって分割することが大事なことであるかのように思わせるもの、私たちの時代に到るまでそう思い込ませるものは、ナポレオンに由来するのです。

こんにちこの幻想、この幻想＝事実は、いたるところに見られます。アーリマンが徘徊しているのです。この幻想が「国民性の自由のために、国民性の自由と平等のために」という叫び声をあげるとき、人びとはこの国民性原則に従わざるをえなくなります。だからこの叫び声をあげるように、人びとを誘惑するのです。

このことは宇宙進化全体と深く内的に関連しています。そして恐るべき仕方で、今、働きかけて来ているのです。もちろん、地上の進化を歪めてしまうように働いている霊的本性たちは、人びとに崇高なものだと思わせるような理念、考え方を必要としています。アーリマンの意図は力強い、圧倒的な理想であるかのようなふりをしています。ルツィフェル的な霊は、科学の統一幻想を、すべての人にとって分かりやすい言葉で装っています。すなわち「すべての人のための唯一の真実」という言葉は、とても理想主義的なひびきをもっているのです。しかし、この妄言と共にルツィフェルが人びとの心の中に忍び込むように、アーリマンは次の言葉と共に人びとの心の中に忍び込むのです。すなわち、「諸国家は地上の特定の領域にそれぞれ別々に存在しなければならない」。まとまりをもった独自の国民性を示す人間集団だけがふさわしい人間集団だというのです。

前者が理想の言葉のように現れるルツィフェルの誘惑の呼び声であるように、後者はアーリマンの恐ろしく人の心を惹きつける誘惑的な理想の呼び声なのです。霊学はこういう幻想の言葉の誘惑的な性質を見抜いて、人類が正しい道を歩めるように協力する使命をもっているのです。この人類の道は、ヤハヴェ衝動を通してあらかじめ指し示されましたが、その後、キリスト衝動というさらに力強い衝動によって地球紀の進化のために開示されました。このキリスト衝動こそがすべてのルツィフェル的、アーリマン的な幻想の産物を人間の心の中から取り除いてくれるのです。

言語と言霊

（『文化の危機を生きるゲーテアヌムの思想』より）

Sprache und Sprachgeist

(Der Goetheanumgedanke inmitten der Kulturkrisis der Gegenwart)

言霊《ことだま》（言語精神）のことがよく取り上げられている。しかし、こんにち多くの人がこの言葉を用いて明確な概念を語っているとはとても思えない。この言葉を用いて、音声や言葉の成り立ち、構文における一般的特質について述べられているけれども、その際「霊」と呼ばれるものは抽象的なままにとどまっている。「霊」と呼ぶにふさわしいものには出合えない。

しかしこんにち、「言霊」の生きた力を見つけ出すための道は二つあると言える。第一の道は、単なる概念的な思考から本質を開示する直観へ到る魂の在りようである。こういう直観については、本誌『ゲーテアヌム』のエッセーの中でしばしば取り上げてきた。それは霊的現実を内的に体験することである。この霊的現実を、一般的な「何か」を神秘的に、曖昧に感じとることと混同してはならない。この現実は感覚的知覚の内容を含んではいないが、それと同じくらいはっきりした内容を示している。

霊的現実を直観する人は、言語による表現からは離れている。その人の直観は、すぐに口をついて発せられるような言葉を見出してはいない。言葉を見つけようとするとすぐに自分の直観内容と違ったものになる、と感じてしまう。だから自分の直観を人に伝えようとすると、言語との戦いが始まる。自分の視たイメージを形あるものにするために言語のあらゆる手段を用いようと試み、言語の領域内のいたるところで音声から命題への道を求めるために、きびしい内的な戦いをする。そういうとき、言語というものは頑固だ、とつい思ってしまう。言語でお前の視たものを表現するためには、まずお前が言語の頑固さに従わなければならない、と言いきかせなければならなくなる。

霊的に見たものを言語に語らせようとするなら、人が任意に形成することのできる不確かな、蠟《ろう》のような言語要素にではなく、「生きた霊」に、「言霊」に到るのでなければならない。

このようにして誠実に言語と格闘し続けるなら、この努力は最上、最美の結果を得るであろう。そのときには、「言霊が視たものを受け取った」と思える瞬間が来るであろう。そのときの言葉とその表現は霊的なものを担うようになる。言葉は「意味する」こと、通常の意味であることをやめ、霊視したものの中にするりと入り込む。

そのとき、言霊との生きた交流とでもいうべきことが生じる。言語は個人的な性格をとり、人はまるで誰かとつき合うように言語とつき合う。

これが「言霊」を生《なま》なましく実感するための一つの道である。

第二の道が見えてくるのは、概してこの困難な第一の道を行くときである。しかしもちろん第二の道を独自に歩むこともできる。私たちが瞑想によって、抽象的な言葉や文章の中にその意味を生きいきと直観し、体験するとき、すでにこの第二の道を歩いている。

私たちが何かを「確かめる」とき、何かを真実であると思う魂の状態を自分の中に感じている。「確かめる」という言葉から感情を引き出している。そのようにしてその言葉に没頭し、感情を体験するとき、身体の中にまで自己創出的な何かが現れてくるように思える。

もうひとつ、「気に入《い》る」(gefällig)という言葉を考えてみよう。この単純な言葉の中に、内なる諸体験のなんという豊かさが開かれることだろう。「入る」、「落ちる」傾向にあるとき、人はバランスを失っている。誰か別の人のことが「気に入」っているときは、一瞬であっても、自分のことを忘れている。別の人の意識の中に入っている。そのときの体験は、かすかに失神するような体験である。

こういう体験をあれこれ怪しげな理論で詮索するのではなく、現実に即した健康な感覚で体験する人は、最後には、言葉を語ることの中に霊が働いている、と思わざるをえなくなる。このような霊は、意識的に働かせる霊なのではなく、無意識の中に働いている霊であり、使用する言葉の中に見出せる霊なのである。このようにして、人は自分の霊が「言霊」の所産である、と理解できるようになる。

このような「言霊」を学問的に研究するのであれば、こんにちの言語研究にいろいろ前提条件をつけなければならない。そのためには新しい心理学的な言語学を構築しなければならない。

しかしここでは、学問の必要性を示唆することではなく、実際生活のために役立ってくれるものに眼を向けたい。そのためには、「言語が言語を超えた霊そのものにまで導く力をみずからの内に含んでいる」ことをふまえていなければならない。そして言霊は、多様な言語の中で多様に存在しているのではなく、それらの中で共通したものとして生きている。

諸言語におけるこの霊的統一は、諸言語がみずからの根源的な生動性を捨てて、抽象精神に捉われている限り失われている。そのときに言語を語る人は、もはやみずからの中に「霊」をもっているのではなく、霊の言語的な衣裳をもっているにすぎない。しかし「気に入った」と感じる人の魂の中には、人と人との関係を抽象的にしか受けとめていない人とは違った体験が生きている。

抽象的な言語体験が抽象的になればなるほど、人びとの魂は互いにばらばらになっていく。そういう一人ひとりはそれぞれ抽象的なものを自分のために作り上げる。その抽象的なものを自分の特別の自我として、その中に生きている。もちろん、そのような抽象的な要素は、概念として機能しているのだが、特に文明化された諸民族の言語の場合、日常使用される生活上の用語でさえも、非常に高次の度合いにまで自我と結びついたこの抽象的な要素に近づいている。

しかし私たちは今、個人と民族との間を分け隔てるすべてに対抗して、結びつける働きを意識して育てるべき時代を生きている。異なる言語を語る人びとの間でも、区別するものを排除して、各人が言語の中に直観的に分かり合えるものを共に体験しようとしている。さまざまな言語の中に言霊をふたたび目覚めさせることが、社会教育の重要な一要素にならなければならない時が来ている。

こういう事柄に注意を向ける人は、こんにちの社会生活のためには、外的な施設に心を使うだけでなく、人間の魂のいとなみに眼を向ける必要があることに気がつくであろう。

言語によって民族を分けるのではなく、民族相互の理解のほうを大切にするということは、現代のもっとも必要な課題のひとつである。

こんにちの人がしばしばヒューマニズムについて語るのは、真に人間的なものを人間の中に育てるべきだからであるが、そういう努力を本当に真実のものにするには、人生の個々の具体的な領域でその努力を真剣に行うのでなければならない。

私たちにとって大切なのは、人間性を、抽象的な言語体験の場合よりも、はるかに集中して感じとることである。そのためには、直観的な仕方で言葉や文章を体験しなければならない。もちろんその場合、ある絵を見て、ただちに「すばらしい」と言う人が、からだを硬直するまでに緊張させなければならないというわけではない。しかし、一度「熱狂して」その絵を魂の中に移し入れた人がこの言葉を発するとき、その絵をいつも抽象的にしか体験してこなかった人とは別の言語体験をしている。

通常の、または科学的な語らいの中では、どうしても魂の上音が抽象的な響きを発しているであろう。しかし、下音はそうであってはならない。原始的な文化段階にいるときの人間は、その言語を直観的に体験する。もっと進んだ文化段階における教育は、直観を完全に失ってしまわないように配慮しなければならない。

クリスティアン・ローゼンクロイツの化学の結婚

第1日、第2日

Die Chymische Hochzeit des Christian Rosenkreutz

(Erstdruck in Das Reich, 2. Jg., Buch 3 und 1917/18)

霊界への道を拓いた人間の魂の体験内容に通じている人は、『クリスティアン・ローゼンクロイツの化学の結婚　一四五九年』を数頁読むだけで、この書がその霊的体験を描いていることに気づかされる。霊的現実が見えるようになると、主観的に思いついたイメージはただそれだけのものでしかない、と悟るようになる。そういうイメージは、その形姿においても、その相互関連においても、霊的現実にまったく対応していないからである。

「化学の結婚」を考察する場合には、そこに述べられている諸体験を魂の中で辿りながら、霊的諸現実を洞察する必要がある。これまでこの書物について何が書かれてきたとしても、それに気をとられずに、まず今述べた観点に立って考察を始めなければならない。この書物が言おうとしている事柄を、この書物そのものの中に見出さなければならない。そうすることができたとき初めて、多くの論者が十分な土台を築くことなしに問いかけている諸問題について語ることができる。

第一日

「化学の結婚」を求めて遍歴する旅人の諸体験は、七日にわたる魂の作業に区分されている。第一日には遍歴を始める決心を固めさせる霊視が、旅人の魂の前に現れるのであるが、それを叙述する仕方は、作者が細心の注意を払って、体験者が自分の見る「ヴィジョン」のことを理解している場合と、まだそれが洞察できていない場合とを区別していることを示している。同様にまた、霊視者の意志が働いていないのに、何かが霊界から近寄ってくる場合と、意志の働きによって何かが霊界から近寄ってくる場合とも区別されている。最初の体験は意志によって生じさせたものではなく、また霊視者はそれを完全に理解してもいないが、それが霊界へ参入する可能性を与えてくれた。しかし、それは唐突に彼を襲ったのではなく、すでに七年前に、「化学の結婚」に参加する使命を持つであろうということが、「体的なヴィジョン」によって彼に告げられていた。

この書の精神を、完全に理解しようとする人は、「体的ヴィジョン」という表現を誤解してはならない。それは魂の病的な、または低次元のいとなみによって生じるヴィジョンなのではなく、霊視に通じる知覚体験なのだが、肉眼による知覚と同じくらい現実的な性格をもって体験される。体験者がそのような「ヴィジョン」を持てたということは、魂が通常の人間意識の場合とは異なる状態にあったことを意味している。通常の意識は、目覚めと眠りが交互に生じる状態と、その中間の、現実に対応していない夢とを知っているにすぎない。このような通常の意識状態にある魂は、感覚を通して現実と結びついている。しかし、その感覚体験は眠りの中では消える。だから睡眠中の魂は現実との関係も、自分自身や自分の内的体験との関係も知らずにいる。その魂は、夢の中で自分がどんな現実と関係を持っているのかを洞察できない。「化学の結婚」へ向かう旅人は、自分がすでに「体的ヴィジョン」を持つ際に、以上の通常意識とは異なる意識をも持っていたことを思い出す。感覚が睡眠時におけるような状態にあっても、魂は知覚することができるということを、彼は経験したのである。

魂は身体から分離した状態でも、その状態の中で現実を認識できる。そのことを、彼は認めるようになった。魂はみずからの力を強めると、体から分離した状態のまま、ちょうど身体の感覚器官によって自然界という現実と結びつくように、霊界という別の現実とひとつに結びつくことができる。このことを彼は理解する。このような結合が生じうること、それが彼の身に近づいていること、それを彼は「体的ヴィジョン」を通して経験したのである。この結合体験そのものは、このヴィジョンだけによっては与えられないが、彼はその時が来るのを待った。それが「化学の結婚」に参加する時なのだということは、彼にはよくわかっていた。そのようにして、彼は霊界にあらためて参入する準備をしていた。

復活祭前夜という魂の高揚した時期に、この新たなる体験が始まった。体験者である旅人はまるで嵐が周囲で荒れ狂っているかのように感じた。それはひとつの現実体験なのだ、と彼は思ったが、その現実を知覚するのに、肉体は必要ではなかった。彼は肉体によって、生まれたときから自然のさまざまな働きの中に組み込まれ、その中で均衡状態を保ってきたが、今やその状態から引き離された。彼の魂は肉体による生活を共にせず、自分がもっぱら肉体を貫いて作用している形成力体（エーテル体）だけと結びついていると感じている。しかし、この形成力体は宇宙の諸力に支配されてはおらず、物質界に隣接する超感覚的世界の動的な力に組み込まれている。人間は、霊視の門を開いたとき初めて、この世界を知覚できるようになる。力の働きは物質界においてのみ、均衡状態として現れる固体形式にまで凝固する。霊界においては絶えざる運動が支配している。この動的な力の中に取り込まれることが、体験者には、荒れ狂う嵐の知覚となって意識される。

霊的存在が顕現するのは、このような混沌とした知覚体験の中からである。この顕現は特定の形姿をとった霊視として生じる。霊的存在は星を散りばめた青い衣装をまとった姿で現れる。われわれはその姿を語る言葉に対して、中途半端な秘教学者のように象徴解釈を行ってはならない。それは非感覚的な体験を描いているのである。体験者が自分や他の人のために、そのような表現を行っているのである。

星を散りばめた青い衣装は、青い夜空の象徴ではない。通常の意識は薔薇の繁みを夕映えの象徴であると考えるが、ここではそのような意味が述べられているのではない。超感覚的な知覚の場合に、魂は感覚的な知覚の場合よりも、もっと活発に、意識的に働いている。

「化学の結婚」をめざす旅人の場合にも魂のこの活発な働きは、形成力体によってなされている。一方、肉眼で見る場合は、感覚体（肉体）によってなされている。形成力体のこの活発な働きは、放射する光の活動と比較できる。そのような光が顕現する霊存在に射しかけると、霊存在はそれを反射する。だから観る者は自分で放射した光を見る。そして、この光が反射される境界の背後に、くっきりと輪郭づけられた存在を認める。霊存在と形成力体の霊光とのこの関係を通して、「青色」が現れる。星々は霊光の反射部分ではなく、霊存在によって受容された霊光の部分である。霊存在は客観的な現実性を持っている。この霊存在は像を通して自己を開示するが、その像は形成力体の放射の中で霊存在が生じさせたひとつの様態である。

この像もヴィジョンと混同されてはならない。霊視者の主観的な体験は幻視者の主観的な体験とまったく異なっているのである。幻視者は内的な強制を通してヴィジョンを体験する。霊視者は、言葉や文章が感覚的対象を表現するときに言葉や文章を自由に行使するように、内的に自由な意識的態度で、先に述べた霊の存在もしくは霊の経過に対応する霊視内容を持つのである。霊界の本質がわからない人は、没形象的な経験の中で開示される霊界を、わざわざヴィジョンのような霊視内容で装う必要はまったくない、と考えるであろう。そう考える人に対しては、霊視内容はそれ自身が本質的なのではなく、霊的内容を魂の中に現出させるための手段である、と答えなければならない。とはいえ、霊視によって得られる霊的体験を表現するのに、自然科学や哲学におけるような抽象概念を用いることは不可能ではない。この論文においても、「化学の結婚」の内容を述べるために、そのような表現をしようと思う。しかし、一七世紀の時点でヨハン・ヴァレンティン・アンドレーエがこの書物を著したときには、そのような抽象概念を用いることはまだ一般には行われていなかった。その頃は超感覚的存在やその経過を体験した際の霊視内容が直接提示された。

「化学の結婚」へと赴く旅人には、彼に遍歴への正しい衝動を与えてくれる本性が霊的形姿をとって現れる。彼はこの本性の形姿と出会うことによって、自分が意識を失わず霊界の中に立っている、と感じる。そのときの彼の在り方は霊界における彼の認識の道の方向を示している。彼は狭義での神秘家の方向ではなく、錬金術師の方向をとって歩むのである。

以上に述べたことを誤解しないためには、迷信、詐欺、冒険好きなど、「錬金術」という言葉に付着しているすべての胡散《うさん》臭い要素を取り除かなければならない。むしろ、この言葉は誠実で公正な真理探究者の在りようを示している、と考えなければならない。錬金術師たちは自然の諸事物の間に存する合法則的な関連を認識しようと欲した。自然の働きそのものが生じさせる関連をではなく、自然を通して開示される霊的本性が生じさせる関連を、である。つまり、彼らは感覚的世界の中に働く超感覚的な作用力を認識しようとしたのだが、しかしそれを感覚的な手段で認識することはできない。

「化学の結婚」の旅人はこのような探究者の道を歩む。そしてその意味では、この旅人は錬金術師的探究の代表者なのである。そのような人物として、彼は自然の超感覚的な力が通常の意識には隠されていることを確信している。彼は自分の内部に、形成力体を知覚器官として用いることができるような諸体験を持つことができるようになった。その知覚器官を通して、彼は超感覚的な自然力を直観するようになる。

感覚的な知覚領域や通常の知的な活動領域の外で体験される霊的生活形態の中で、彼はまず第一に人間外の自然の超感覚的な力を認識する。そうすれば、さらにはこの認識成果の上に立って、人体そのものの真の本性を洞察するようになるであろう。人間が、魂が肉体組織から独立して活動する形成力体と結びつくと、それによっていつかは宇宙が人体の中に組み込んだ秘密にも接近できるようになるだろう、と彼は信じている。この秘密は通常の感覚的な知覚には覆い隠されている。人間はこの秘密の中で生きているが、その生活内実を洞察してはいない。

自然の超感覚的認識から出発して、「化学の結婚」をめざす旅人は、最後には、人間の超感覚的本性を直観するようになりたいと願った。この探究の道によって、彼は狭義の神秘家ではなく、錬金術師なのである。

狭義の神秘家もまた、通常の意識によって可能となるものとは異なる人間本性の体験を求める。しかし、彼は肉体から独立した形成力体を使用する道を選ばない。彼は不確定な感情から出発し、通常の覚醒生活の場合よりもさらに内密な仕方で肉体と形成力体との浸透が人間を感覚的本性との共存から人間の霊的本性との共存へと導くようにする。

錬金術師は意識的な態度で、身体との通常の関連から離れて、「自然霊」という感覚的知覚世界の領域の背後に存在する世界に参入しようとする。神秘家は意識的な魂をより深く体的関連の中へ導き、感覚的知覚に充たされた自己意識には隠された身体領域の中に進んで沈潜しようとする。神秘家は自分のこの努力についてあえて完全な説明をしようとはしない。自分の歩む道を別の仕方で特徴づけようとするのが常である。しかし、大抵の場合の神秘家は、自分の本質を説明するのが不得手である。このことは神秘家の霊的努力に一定の感情が結びついていることと無関係ではない。神秘家の魂は、通常の意識が体験する身体との共存を克服しようとするので、この共存を軽蔑するだけでなく、身体そのものをも軽蔑するような、一種の自己幻想に支配される。それゆえ魂は、通常の意識を生み出すときの魂と身体との関連よりもますます内密な魂と身体との関連に、自分の神秘体験が基づいていることを白状したがらない。

神秘家はこの普段よりもいっそう内密な心身の関連を通して、自分の表象と感情と意志の変化を知覚するが、この変化の根拠を明らかにしようとはせずに、もっぱらこの知覚に没頭する。この変化は、彼がいっそう深く身体性の中へ下りていったにもかかわらず、内面生活の霊化を意味している、ということを彼に教える。そしてそう考えることはまったく正しい。なぜなら、どんな感覚も、通常の覚醒意識の根底にある心身関連の中で働いている魂の在り方に由来するものなのだから。そして、この在り方よりももっと深く魂が身体に結びつくと、感覚によって生じるよりももっと霊的な、人間と世界との関係を体験することができるようになる。そのときの表象内容は霊視内容にまで深まるが、その内容は、形成力体が肉体に働きかけるときの作用力の開示にほかならない。それは通常の意識には隠されている。感情が非常に強められて、宇宙から人間へ働きかけてくるエーテル的＝霊的な力が内から生じてくるように体験されるのである。また意志も、通常意識の主観的意志の場合には超感覚的世界との関連を断たれているが、この関連に人間を組み込む霊的作用に帰依することを心得ているのである。

　真の神秘主義は、人間の魂が十分に意識的な状態を保ったまま、先に述べた身体とより内的な結びつきがもてるように配慮し、それによって身体組織の強制による病的な幻視状態、もしくは低位の意識水準に陥らないようにする。本来、神秘主義は、通常の意識状態にあっては感覚的知覚によって覆われている人間の内的本性を体験しようとする努力なのである。一方、本来の錬金術は、人間の外界に存在し、そして感覚的知覚によって覆われている霊的本性を直観するために、この感覚的知覚から独立しようとする。神秘家は人間の内面に参入する以前に、自分の魂が身体とより内密に関わることによって経験される強い逆圧に対抗して、意識の水位が落ちたり、意識が消えたりしてしまわないような魂の在り方を求めなければならない。錬金術師は感覚世界の背後に存する霊界に参入する以前に、自分の魂が霊界の本性やその働きの中で自己を失ってしまわないように、自分の魂を強化する必要がある。神秘家の探究の道と錬金術師の探究する道とは反対の方向をとっているのである。

神秘家は人間自身の霊的本性の中へ直接参入する。彼の目標は、意識的な魂が自分自身の霊的本性と結合すること、つまり「神秘の結婚」と呼ばれるものである。

錬金術師は自然の霊的領域を探索しようとする。そしてその後で、この領域の中で獲得できた認識力をもって、人間の霊的本性を直観しようとする。彼の目標は自然の霊的領域との結合、つまり「化学の結婚」である。この結婚の後で、人間本性の直観を体験しようとするのである。

神秘家も錬金術師もすでにその道の発端において、通常の意識の中では洞察されえない秘密を体験する。それは人間の体と魂に関わる秘密である。人間は魂を持った存在として、現実に霊界の中を生きているが、しかし宇宙進化の現段階においては、霊界領域の中での自分の位置を確認することができない。通常意識の力によって自分と人間外の世界との関係を作ろうとすれば、身体が魂に対して指示する方向に向かって歩まねばならない。身体は世界の調和に相応した仕方で、世界に組み込まれているので、感覚的知覚や通常の知的活動の範囲内で魂が働くとき、その魂は、体が宇宙との調和を魂に託すことができるように、体に帰依している。魂が神秘的もしくは錬金術的な方向でこの体験から離れてしまうとき、体を通して獲得される宇宙との調和を失わないように、あらかじめ備えておく必要がある。

魂がこの用意を怠るならば、神秘的な道においては、宇宙との霊的関連を失うおそれがあり、錬金術的な道においては、真実と虚偽とを区別する能力を失うおそれがある。神秘家がこの用意を怠った場合、体との関連がより深まれば深まるほど、自己の意識の力が濃縮され、この自己意識に圧倒されて、自分の内部でもはや宇宙を共体験できなくなる。神秘家はこのことによって、人間にふさわしくない霊界領域へ意識して入っていくであろう（私は霊学についての著述の中で、この霊界領域を「ルツィフェル的」と名づけた）。

錬金術師は、必要とされる用意なしには、真実と迷妄とを区別する能力を失うことになるであろう。全宇宙の偉大な関連の中では、迷妄はひとつの必然である。しかし、人間は進化の現段階においては、迷妄のとりこにならないで済んでいる。なぜなら、感覚的知覚の領域が人間を保護しているからである。しかし、迷妄が人間の世界体験の背景に存在しなければ、人間は意識のさまざまな段階を通って進化していくことはできないであろう。迷妄は意識を生み出すために働かねばならないが、しかしその働きは無意識に留まらねばならない。迷妄が意識化されてしまったら、真実が否定されてしまう。しかし魂が錬金術の道で、感覚的知覚の背後に存する霊領域に参入すると、たちまちにして迷妄の渦中に巻き込まれてしまう。その渦中にあって自己の存在を正しく保とうとするには、あらかじめ感性界の体験の中で、真と偽を識別する力を獲得していなければならない。そのような識別力がなければ、迷妄の渦が魂を別の世界へ押し流し、自己を見失わせてしまうであろう（私の霊学についての著述の中では、この別の世界を「アーリマン的」と名づけている）。

神秘家はその道を歩む以前に、魂のいとなみが他を圧倒するほど強烈にならないように、魂の在り方を調《ととの》えなければならない。錬金術師は真理感覚を失わないでいられるようにしなければならない。

「化学の結婚」で述べられている諸体験の担い手は、錬金術師としての道の上で、真偽を識別するに足る十分な識別力を持つことの必要性をよくわきまえている。彼の場合、錬金術の小道の出発点における生活状況はキリスト教的であるから、キリスト教の真理によって支持を得たいと望む。彼は自分がキリストと結びつきたいと願う気持ちが、すでに感覚界での生活の中で、真実へ導く力を自分の魂の中に発達させている、ということを知っている。この力は感覚による支えを必要としていない。感覚による支えがないときにも、それは働くことができる。

このような思いをもって、彼の魂は青い衣装をまとった存在の前に立っている。そして、この存在から「化学の結婚」への道の教示を受ける。

この存在は迷妄の世界にも真実の世界にも属することができるので、「化学の結婚」をめざす遍歴者は自分でそれを区別しなければならない。しかし誤謬に圧倒されてしまうと、この識別能力は失われてしまう。だからあらかじめ感覚的世界の中で、内的な力をもって、彼を真理に結びつけたキリストの力を、超感覚的体験の中でも思い出せなければならない。かつてキリストの力で自分の魂の中に生じたものが、今、自分の魂の中から立ち現われる。そして形成力体は、他の光だけでなく、このキリストの光をも、霊界に顕現する存在へ向けて放射する。そのとき初めて、正しい霊視が生じる。

「化学の結婚」への道を指示する書簡はキリストの標《しるし》と、「汝、この標の下に勝利せよ」(in hoc signo vinces)という言葉とを含んでいる。

旅人は、自分を真実に向かわせる力を通して、この顕現する存在と結びついていることを悟る。旅人を超感覚的世界へ導いた力が迷妄への傾向を持っていたならば、彼の前に立っている存在は彼の中に生きているキリスト衝動を麻痺させてしまい、彼を誘惑して、権力にしか従えないようにしてしまうであろう。人間は超感覚的世界が彼に自身の本質や意欲を損なうような作用を送り込むときにも、この誘惑する権力に引きつけられてしまうのである。

この書簡は、「化学の結婚」をめざす旅人の前に顕現する存在によって、この旅人に手渡される。書簡の内容は、一五世紀の文体で、霊体験の第一日における意識段階に可能な霊界との関係を描いている。言葉に付せられた標《しるし》は、肉体と形成力体と霊魂との相互関係がどのように形成されたかを示している。彼にとって重要なのは、彼の人間本性が宇宙の諸事情と調和している、と言えることなのである。彼は自分に「告げられた諸遊星」を「熱心に算出し算定」するとき、この調和した関係が今まさに生じるべくして生じた、それは今の時点だから生じ得たのだ、ということを見出した。この点を多くの「占星術師」に見られる迷信的態度だと考える人は、事柄を誤解していることになる。その人が反対に占星術の信者としてそれを肯定する場合でも、誤解していることに変わりはない。「化学の結婚」の作者が、その書名に一、四五九年という年を加えているのには、理由があったのである。

この作者は、これらの体験の担い手の魂の状態と特定の時点での宇宙生成の状態とが一致して、内なる魂の状態と外なる世界内容とに不調和が生じない時点に達しているにちがいないことをよく知っていたのである。「化学の結婚」を可能にする意識状態は両者の調和を通して生じるべきなのである。その場合、外なる超感覚的世界内容が通常の感覚的知覚から独立した魂と調和的な出会いをもたなければならない。「告げられた諸遊星」の位相が人間の体験状態を規定する神秘的な力を含んでいる、と信じる人は、その人の時計の針の位置が、どの時点で行動する必要があるかを教える力を持っている、と考える人に似ていると思えばよい。

書簡の中では三つの寺院のことにも言及されている。この三つの寺院が何であるかは、諸体験の担い手には、指示を受ける時点では、まだ理解されていない。彼はそれらの寺院を霊視内容として受けとり、そしてそれを魂の中で成熟させなければならない。この成熟過程で、この三つの寺院が人間の内部に理解を生じさせる力をもたらす。観察者はそれが自分に開示された瞬間に、すぐそれを理解したいと思うならば、まだ不十分な理解力でそうすることになり、不都合な考え方に陥りかねない。霊的経験においては、忍耐をもって観察し、まずそれを受け容れるだけで、その理解は適当な時が来るまで待つことが大切なのである。

「化学の結婚」をめざす旅人が霊体験の第一日目に経験する事柄は、すでに「七年」前に彼に告げられていた。彼はその当時には「ヴィジョン」について理解することが許されず、その「ヴィジョン」が理解をもって経験できるようになるまで、長い間待たなければならなかった。

星を散りばめた青い衣服をまとった霊的存在が現れ、書簡を手渡してくれる。これは「化学の結婚」をめざす旅人が得た体験であるが、彼は自分自身が自由に望んで、そのような体験に導かれたのではない。しかし、その後の彼は、自由にそのような体験を生じさせることができるようになる。彼はみずから眠りに似た状態に入る。その状態での夢の内容は、現実的な価値を持っている。彼が現実的な価値を持った夢を見ることができるのは、これまでの諸体験の結果、睡眠状態を通して、通常の場合とは異なる霊界との関係に入るからである。人間の魂は、通常の睡眠体験の場合、表象に現実価値を与えることのできる絆による霊界参入を果たすことはできない。しかし「化学の結婚」をめざす旅人の魂は変化している。その魂は内的に力づけられており、夢経験の中へ自分が今いる霊界の内実を持ち込むことができるのである。そして、このような経験を通して、まず感覚体との新たな関係を体験する。この魂はそのような関係を、「塔の霊視」を通して体験する。夢見る人はこの塔の中に閉じ込められ、そして、そこからまた解き放たれるのである。

この魂は、通常は眠りながら無意識的に体験するものを意識的に体験する。眠っている魂は、感覚経験を離れて、超感覚的存在形式へ移行している。塔における狭さと窮乏は、魂が霊的諸体験の領域から引き離されているときの、内面へ向けられた感覚体験の表現である。魂が身体と結びついているとき、その結びつきの結果、狭い感覚経験に囚われているのであるが、そのようにして魂を身体に結びつけるものは、成長を促す生命力なのである。とはいえこの生命力の働きだけでは、決して意識を生じさせることはできない。

単なる生命活動は無意識のままに留まっている。意識を生じさせるためには、生命を否定する力が迷妄に陥らねばならない。肉体を死に導くものが自分の中に存在していない人間は、肉体の中で生きることはできても、肉体の中で意識を発達させることはできない。しかし、死をもたらす力と意識との関連は、通常の意識には隠されている。「化学の結婚」における諸体験の担い手のように、霊界での意識を発達させるべき人は、この関連を「霊眼」によって観取しなければならない。その人は、「真っ白な髪の男」が自分の中にいることを経験しなければならない。その老人は本質的に老いの力の担い手である。霊の領域を見るためには、通常の生活において隠されているこの老いを促す力を見ることができなければならない。この力を意識化することこそが、感覚経験の領域から魂を引き離してくれるのである。

夢体験の現実価値は、「化学の結婚」をめざす旅人が同じ意識化の過程を辿ることによって生じる。この旅人は、自然と人間界とに向き合うとき、通常の意識には隠されているものを見ることができるような魂の在り方をしている。だからこそ、彼は第一日に続く日々の経験ができるようになったのである。

第二日

二日目にすぐに語られるのは、自然が旅人にとってまったく新しい姿で現れるということである。しかし、旅人は自然をその背後まで見通すだけでなく、人間の意欲と行動の動機に対しても、通常の意識が行うよりもさらに深く眼差しを向けなければならない。「化学の結婚」の作者は、通常の意識が意欲と行動の外側だけしか知っておらず、人びともまたこの意識を通して自分自身の意欲と行動のこの外側だけしか認めていない、と言おうとしている。超感覚的世界からこの意欲と行動へ注ぎ込んで、人間の社会的共同生活を形成している、より深くに存する霊的衝動は、この意識には未知のものであり続けているのだ。

　人間は自分が特定の動機によって行動している、と信じている。しかしこの動機は、実際は、無意識にとどまり続ける別の動機の上に覆われた意識の仮面にすぎないのである。人びとが社会的共同生活を通常の意識に従って制御する限り、人類にとって救いとなる進化には働きかけない力がこの共同生活に働きかける。この力には、別の力が対置されなければならない。それは超感覚的意識によって直観されて社会的な働きに組み込まれる力である。「化学の結婚」式へ向かう旅人はこのような力の認識へ導かれねばならない。そのために旅人は人間をその真の本質に従って洞察しなければならない。人間の真の本質は、人が自分について信じているものとはまったく異なっており、また人が通常の意識によって規定された社会秩序の中で占める位置に応じたものともまったく異なっている。

　通常の意識に開示されるときには、自然の姿は社会的な人間秩序の姿とは非常に異なって現れている。しかし、霊的意識によって認識される超感覚的な自然力は、この社会的な人間秩序の超感覚的力とよく似ている。錬金術師は真の人間知の基礎になるような自然知を得ようと努める。「化学の結婚」式へ向かう旅人は、このような知識への道を求める。けれども、その道はひとつではなく、いくつもある。

第一の道を通っていくと、通常の意識が感覚的知覚の中で獲得する知的な観念によって、超感覚的経験への歩みが影響されるようになる。したがって、この感覚的と超感覚的の両経験領域の相互作用によって、現実が洞察できなくなる。第二の道では、はじめは理解しえない霊的啓示であったものを得心のいくものにまで成熟させるために、その啓示を受けた後、長い期間待つことに耐え続けなければならないので、魂がそのための忍耐を失ってしまう場合を見通している。第三の道は、別の人びとが長い間の闘いの中で獲得しなければならないものを、すでに無意識の中で獲得していたゆえに、その進化の成熟度を通して、短期間に霊視能力を開発できる人びとの道である。第四の道では、意識が感覚経験から離れるとき、その意識を曇らせたり、不安にさせたりするような霊界からのすべての力との出会いが生じる。

ある人の魂がどの道をとるべきなのかは、霊界遍歴を行う前に、通常の意識がもつ経験の在り方に依存している。通常の意味で特定の道を「選ぶ」ことはできない。なぜなら、そういう選択を通常の意識が行うのだとしたら、この意識には超感覚的な事柄について決断する資格がないからである。「化学の結婚」式へ向かう旅人は、そのような選択の不可能なことをよく理解している。しかし旅人は、きっかけが霊界自身から来るときには、正しい道を選ぶきっかけをつかむことができる程度にまで、自分の魂の力が霊界との関係において十分に強められている、と感じている。「塔から」の解放という霊視が旅人にこのような実感を与えている。彼が与えたパンを「白い鳩」から奪う「黒い鳥」の霊視は、旅人の魂の中に特定の感情を呼び起こす。そして超感覚的、霊視的知覚から生じたこの感情は、通常意識の選択なら選ばなかったであろうような道を選ばせる。

旅人はこの道の上で、感覚体における体験では得られないような光の下に人間と人間関係とを見るようになる。旅人はある門を通って家の中に入るが、その家の人びとは、魂の中へ流れ込む超感覚的な力にふさわしい態度をとっている。旅人はこの家で得た経験によって、新しい生き方に目覚める。超感覚的な意識がこの大きな経験領域を包みこむようになったときには、そのような新しい生き方をしなければならないのである。

『クリスティアン・ローゼンクロイツの化学の結婚』を取り上げる人の中には、それが特殊な宗派か冒険好きの錬金術師の行為を取り上げた風刺小説にすぎない、という評価を与える人がかなりいる。しかし、この書物の著者が、彼の描く旅人に「門の前」で行わせている諸体験について本当に正しい見方ができれば、このあとの部分に示されているような風刺的な気分も、それが感覚体験の領域にのみ留まろうとする人にとっては単なる風刺に見える姿で、実は真剣な魂の経験を表現している、ということが分かるであろう。「化学の結婚」をめざす旅人の更なる諸体験を考察する際には、このことを考慮に入れる必要があるだろう。

魂の二日目の仕事は、ヨハン・ヴァレンティン・アンドレーエが記しているような諸経験を重ねる霊的探究者を、真の霊的直観力を獲得できるか、それとも霊的錯誤の世界が魂を捉えるかが決まるような、決定的な諸体験に導くことである。そのような諸体験は、彼の知覚能力にとっては、城の中へ入る霊視内容として表現されている。そのような霊視内容をもつのは、真の霊的探究者だけとは限らない。感覚的印象によっては得られないような環境を表象することのできる思考方向や感覚方式さえ持てれば、偽りの霊的探究者の魂もそのような体験に到る。

アンドレーエによる偽りの霊的探究者の集会の描き方を見ると、彼が真の霊的探究者と偽りの霊的探究者の相違の秘密に通じていたことを知ることができる。「赤い薔薇十字の兄弟」は「二日目」にはまだそのような集会の中にいる。「化学の結婚」の著者の霊的洞察についてのこのような内的証明を正しく評価できる人は、この書物の真の性格とアンドレーエの意図とに疑いをさしはさむ余地はないと思うであろう。この書物が感覚界と霊界との関係について、そしてまた、社会的、道徳的生活をいとなむ人間の魂のために霊界認識が与えることのできる諸力について、真剣に努力している人に説明しようとして書かれたものであることは、まったく明らかである。アンドレーエの非感傷的で、ユーモア好きな表現方法は、この深刻な意図に相反するものではなく、それにふさわしいものである。一見軽薄に見える場面の中にも、深刻な意図がはっきりと感じとれる。それだけではない。アンドレーエの表現は、読者の心を霊界の秘密に対する感傷性で包み込むのではなく、読者の気分の中に、霊界に対する自由で自己意識的＝理性的な在り方を生み出そうとしている。

思想の働きや感情の在り方を通して、誰かが超感覚的世界を霊視できる状態になったときでも、まだそれだけではその霊視が霊界を本当に見ている保証にはならない。薔薇十字の兄弟は自分が霊視体験の分野で数多くの魂に取り巻かれているのを感じている。その魂たちは霊界についての表象の中に生きているが、しかしその内的な在り方は霊界との本当の接触を不可能にしているのである。本当の接触の可能性は、霊的探究者の魂が霊界への境域を通過する以前に、感覚界に対してどのような態度をとっているかによって左右される。この態度によって、境域を超えて霊界にまで導かれる魂が、霊界の内部で、この霊界に受け容れられるか退けられるかが決定される。正しい魂の在り方は、探究者が境域の手前で感性界との関係をすべて捨て去ることによってのみ、獲得されうる。

人間は外的な生活状況や外的な運命から自分の人格の特徴や有効性（重み）を感じ取ることができるが、そのことを可能にしている心情の働きは、霊界に滞在しているときには有効性を失わねばならない。この有効性の喪失は、自分が一種の幼年期に立ち戻らされていると感じさせられる。このことの必然性は、実現されることが難しい。なぜなら、通常の感覚に対して、感覚世界の内部で有効な判断をも抑えようとする別の必然性が反抗するからである。この種の判断は感覚世界においてしか獲得されないし、感覚世界においてしか有効ではない。霊界において判断しようとするのであれば、霊界そのものから経験を得る用意をしなければならない。

ローゼンクロイツの兄弟は城の中へ入る際に、この二つの必然性についての感情に由来するような、ある魂の気分をもつ。彼は第一夜を城の小部屋の中で過ごすのではなく、二日目の諸経過に関わるうちに辿りついた広間の中で過ごす。そうすることによって、自分の内部の諸能力ではまだふさわしい結びつきを持てずにいる霊界の領域の中へ自分の魂を担っていくことがないように、彼は自分自身を護っている。二日目がもたらしてくれたよりももっと深く霊界の中へ参入するようなことにならないようにしようとする魂の気分は、一晩中続いていた。そして、次の日に必要となる知覚能力や意志能力を用意した。そのような魂の気分を持つことができずに、彼と一緒にやって来た参入者たちは次の日、霊界からふたたび追い出されてしまう。というのは、彼らにはそのような気分の果実を実らせることができないからである。そのような果実なしに、魂を、実際の内的力を通して、外からしか捉えられない世界に結びつけることは、彼らにとって不可能なことである。

三つの門での諸事件、獅子との出会い、入口の二つの円柱に刻まれた銘文を読むこと、その他、二日目の諸経過をローゼンクロイツ兄弟が一つひとつ経験するとき、彼の魂は上に述べた気分の中にある。彼はこれらすべてを経験するが、その中で通常の、感覚世界と結びついた彼の悟性に語りかけている部分は、彼自身には知られぬままになっている。そして、より深い心情の力に対して霊的に明白な関係を持っているものだけを受容しようとしている。

第二の門での「恐ろしい獅子との出会い」は霊的探究者の自己認識の一部分である。ローゼンクロイツ兄弟はこの出会いを自分の中に生かし、それを霊視内容として自分のより深い心情力に作用させる。しかし、彼にとってそれが霊界の中でどんな位置を占めているのかは分からぬままである。彼には分からぬこの判断を、「番人」が行っている。この番人は獅子の傍におり、獅子を鎮める。そして、入ってくる人に対して、当人には知らされていない手紙の内容に応じて、「歓迎します。長いことお会いしたいと思っていました」と語る。「恐ろしい獅子」の霊的光景は、ローゼンクロイツ兄弟の魂の在りようの結果である。魂のこの在りようは、霊界の形成力部分に反映しており、それが獅子という霊視内容を生じさせている。

この反映の中に、霊視者の本来の自我の像が示されている。霊視者は、霊的現実の中では、感覚的な存在世界の中でとは別の存在になっている。感覚世界の中で働く力は、彼を感覚的人間の姿に作り上げている。霊的な分野における彼は、まだ人間の姿をとっていない。彼は霊視上、動物形式によって表現されうる存在なのである。人間の感覚的な在り方の中で、欲望、激情、感情的、意志的衝動として生きているものは、感覚世界の中では、感覚体と結びついた表象生活、知覚生活によって拘束されている。表象生活、知覚生活は感覚世界が生み出したものである。人間が感覚世界から離れるとき、その人間はこの世界の外で、もはや感覚世界の贈り物によって拘束されることはない。霊界からの新しい贈り物によって正しい道の上でもたらされるべきものを知らねばならない。人間は感覚的な人間存在となる前の自分を見なければならない。この見霊内容は獅子との出会いとして、人間となる前の彼自身の存在像との出会いとして、ローゼンクロイツ兄弟に与えられる。

誤解されないために、次のことだけはここに付け加えておきたい。人間の根底にある本性が人間になる前に、霊視内容として見えている存在形式は、ダーウィン主義が人類の由来をそれと結びつけているところの動物性とはまったく関係がない。なぜなら霊視内容としての動物形式は、その本質上、形成力世界だけに属しているのだから。それは感覚世界の内部においては、人間本性の無意識的部分としてのみ存在しうるのである。

彼が感覚体に拘束されている人間本性部分をもって人間になる前にも存在しているということは、ローゼンクロイツの兄弟が城へ入る際に見出す魂の気分として表現されている。彼は囚われずに、これから生じるべき事柄に向き合う。そして感覚世界と結びついた悟性の判断によって曇らされない。彼はそのような曇りを後に、正当な魂の気分をもって来なかった人びとの中に見出さなければならない。その人びともまた「恐ろしい獅子」の横を通りすぎ、そしてその獅子を見た。なぜならこのことは、彼らがふさわしい思考方向と感情方法を自分の魂の中にもっていれば可能だからである。しかし、この霊視の作用力は彼らの場合、彼らが感覚世界の中で慣れてきた判断の仕方を取り去るのに十分なほど強くはなかった。判断するときの彼らの仕方は、ローゼンクロイツ兄弟の霊眼から見れば、空虚な自慢のように見える。彼らはプラトンの理念を見ようとし、デモクリトスの原子を数えようとし、本当は何も見えないのに、見えないものを見ている、と偽って言おうとする。

こういう事柄に際してこそ、彼らは、彼らを取り巻いている世界と彼らの内的な魂の力とを結びつけることができないでいることをよく示している。彼らは霊視能力を得ようとする人間に霊界が課している真の要求を理解していない。ローゼンクロイツ兄弟がそれに続く日々に、自分の魂の力を霊界と結びつけることができたのは、他の参入者たちが自分や他人に対して、見えるとかできるとか主張するものを、すべて、二日目には見えないとかできないとか、真実通りに、白状しているからである。彼の無力感は、後になると、霊的体験の力になる。彼は二日目の終わりに、自分を拘束させねばならない。なぜなら、彼は霊界に対する魂的無力感という拘束を、この無力感そのものが、力に変わるのに必要なだけ長く、意識の光の下にさらされるようになるまで、感じなければならないからである。

史的唯物論、階級闘争、剰余価値

(『意識問題としての社会問題』から第４講)

ドルナハにて

1919年３月１日

Historischer Materialismus, Klasenkampftheorie und Mehrwertlehre

(Die soziale Frage als Bewusstseinfrage)

すでに述べたように人類社会の進化過程の中には、人間の意識の表面に現れているものとまったく異なるものが無意識を通して働いています。人間は特定の目標に向かって努力していると信じていますが、本当は、魂の深いところでは、まったく別の何かに向かう衝動が働いているのです。このことを私たちの時代には特に顕著に見ることができます。ある階級が特定の方向に意志を向けているとしても、それはこんにちの意識の中にまだ現れていない本来の衝動とはまったく別のものです。無意識の中で実現に向けて努力している本来の魂の欲求とはまったく別のものが、明るい意識を高度に発達させた時代の魂の表面に現れているのです。

　こんにちのプロレタリアートのこの意識の表面は、三つのものに充たされています。第一に唯物史観、第二に世界史の根底に階級闘争が存在しているという考え方です。こんにちの世の中の出来事は階級闘争の反映にすぎない、と信じられています。第三は剰余価値理論です。剰余価値は、労働者の労働力のうちの支払いを受けなかった部分によって生み出されます。つまり労働者に支給されるべき賃金を資本家が労働者から取り上げることによって生み出されるのです。近代社会運動の原動力となる衝動をプロレタリアートの意識の中に生じさせたのは、本質的にこれらの三つなのです。

　しかし、以上はプロレタリアートの意識の表面について言えることです。現代人の魂の深みの中には――プロレタリアートの魂の深みの中にも――別の三つのものが生きています。ただ人びとはこの別の三つのものについてはほとんど何も気づいていません。人びとはあまり自己認識を深めようとしないので、魂の奥底で来るべき時代を実現しようと努力しているものについて何も知らないのです。この別の三つのものとは、第一に霊学、つまり現代にふさわしい霊的生活の探求です。第二は思考生活の自由です。第三は真の意味での社会主義です。プロレタリアートも本来はこの三つのものを求めているのですが、しかしそのことについて何も意識していないので、魂の表面部分に働いているもう一方の三つのものに従って生きているのです。

　プロレタリアートの意識的努力と無意識的衝動とを見ると、そこに完全な対立があることに気がつきます。唯物史観を取り上げてみましょう。これはほぼ四〇〇年以前から現れてきた近代唯物論の産物です。近代唯物論はブルジョワ社会の自然科学分野に影響を及ぼし、次いで科学一般を捉え、そして基本的にはブルジョワ科学の思考方式を継承した近代プロレタリアートの下で、唯物史観にまで変化したのです。唯物史観はすべての精神生活が、経済生活の諸経過から立ち昇る煙にすぎないと考えます。人間生活の本当の歴史的経過はただ商品生産、通商、消費などの諸活動から成り立っており、ある時代の人間はその経済生活に応じて、何らかの宗教に帰依し、何らかの芸術形式を育て、何らかの法や道徳を守ってきたというのです。精神生活は本質においてイデオロギーだというのです。つまり、精神の内部には現実はなく、外部で演じられる経済闘争の反映だけがあるというのです。もちろん人びとの表象内容や芸術感情や道徳意志は経済闘争に対しても影響を及ぼしますが、結局のところすべての精神生活は外的経済生活の反映だというのです。

以上が唯物史観と言われるものなのですが、人間の生活がもっぱら外的、物質的な経済活動の反映にすぎないならば、そしてさらに世界そのものが感覚的物質的なものだけであり、人間の思想がその感覚的物質的なものの反映にすぎないというのならば、その考えは真の精神生活からの離反を意味します。それは自立的な精神を認めようとしない人びとの態度です。

実際、近代人は超感覚的世界を生きている独自の精神、つまり霊的なもの一般を否定するための材料を少しでも多く集めようと努めてきました。この努力は近代人の魂の表面で行われ、それがいわゆる近代意識の内容となっています。それは人類が意識の時代を迎えたことのあらわれであるとも言えるのですが、しかし同じ近代人は魂の深い奥底では霊的体験を求めているのです。近代人が霊的なものへのこの上なく深い内的要求をもっているということは、人類史の発展過程を眺めれば、証明できることなのです。

私たちはしばしばアトランティス大陸没落後の最初の文化期であるインド文化期の精神性を

取り上げて、さまざまな観点から性格づけを行ってきましたが、霊学の観点から言えば、インド文化期の精神生活は無意識の霊的合一に基づいています。無意識であるというのは、先祖返り的な精神生活が当時の精神生活であったからです。

さらに第二文化期である原ペルシアの精神生活に眼を向け、その霊的源泉を求めますと、このペルシア的精神生活が無意識の霊聴から生じていることがわかります。

第三文化期に当たるエジプト＝カルデアの精神生活、つまり歴史上のエジプト時代の精神生活を偏見なしに考察すれば、古代エジプト人やカルデア人の学問の中には無意識的であっても、活発な霊視体験が生きているのです。

そして、第四のギリシア＝ラテン文化期の精神生活が始まりますと、古い霊視体験は存続しておりますが、しかしそれが概念、理念の力に浸透されるようになるのです。ギリシア人の生活の本質は、史上初めて、ある新しい魂の衝動が現れたことにあります。ギリシア人に到って初めて、理念、概念が体験されるようになったのです。そのことの詳細は私の著書『哲学の謎』の中に述べられていますが、ギリシア人の場合、その概念と理念はまだイメージ、ヴィジョンの性格をもっていました。――けれどもこのことにこんにちの人は気づいていません。私たちの高等学校や大学の中で講じられているギリシア文化論においては特にそうなのです。例えば、ギリシア人が「理念」という言葉を語ったとき、こんにちの私たちが理念と言うときに思い浮べる抽象的な概念を語ったのではありませんでした。ギリシア人が理念と言うときには、ヴィジョンのようなものを思い浮べたのです。けれども、それは明らかに概念として把握されていました。それは直観的な性格をもった概念でした。理念は考えられるものであると同時に、見えるものでもありました。ギリシア語では「イデオロギー」について語ることなどできなかったでしょう。たとえイデオロギーという言葉がギリシア語に由来するとしてもです。いずれにしても、こんにちの人がイデオロギーと言うときに感じるものを感じることはできなかったでしょう。なぜならギリシア人にとって、理念は本質的なものであり、ヴィジョンを担った何かだったのだからです。

さて特徴的なことには、私たちの第五後アトランティス期の魂にとっては、霊視はまったく失われてしまい、そして概念だけがあとに残りました。

すべての像的性格を失っている私たちの新しい精神生活は、その冷たく乾燥した性格にもかかわらず、教養を求める人たちからは特別に愛されています。実際、近代人はいわば抽象作用によって生きており、すべてを何らかの抽象概念に結びつけなければ、安心できません。市民の実際生活の中でも、さまざまな抽象概念が人びとの魂を支配しています。しかし――このことは私たちの時代のこれからの特徴となるでしょうが――、人間の魂の深層でまどろんでいた衝動が目覚めかけ、ふたたび霊視へ向かおうとしているのです。ですから、この第五文化期については次のように言うことができます。概念が霊視へ向かおうとしている、と。

1　原インド文化期――精神生活の源泉としての無意識的な霊的合一
2　原ペルシア文化期――精神生活の源泉としての無意識的霊聴
3　エジプト＝カルデア文化期――精神生活の源泉としての無意識的霊視
4　ギリシア＝ラテン文化期――概念を伴う無意識的霊視
5　近世――霊視を求めて努力する諸概念

まさに霊視へのこの努力に私たちの霊学は応えようとしているのです。人類の大半の人びとは魂の深層で働いているものについて、何も知らずにいます。ですから精神生活を単なる概念と表象の働きだと思っています。そして、この表象や概念の中で、かなり途方にくれている自己を感じています。なぜなら概念そのものは、それ自身ではどんな内容ももっていないからです。そのような純概念的な思考を偏愛してきたのが支配層のこれまでの通例でした。

しかし、純概念的思考への偏愛は別の結果をも生みました。この純概念的思考はそれ自身では無力ですので、外なる感覚的現実に――つまり感覚によって知覚されるゆえに否定されえない確かな現実に――従おうとする傾向をもっています。外なる感覚世界への信仰が、近代人の概念の無力感から生み出されているのです。

概念生活のこの無力感は精神生活のすべての分野に現れています。学者は好んで実験を行い、それによって感覚界にはこれまで存在していなかったような何かをつくり出そうとします。しかし、そのようにして概念の力で感覚界をつくり替えたとしても、感覚界を超えることはできません。なぜなら、概念そのものが現実を含んでいないのですから。

芸術家もモデルを模写したりして、外的対象に依存することにますます慣れていきます。芸術においても、ますます外的な感覚的現実の研究に没頭するのが社会の指導層の通例でした。精神から創造し、精神を芸術という手段によって表現する能力はますます失われていきました。人びとはもっぱら自然主義に向かい、外界で自然そのものが表現しているものを模倣しようとしています。なぜなら、抽象的な精神生活からは、何も独自に形成されはしないからです。

近代芸術の発達を考察しますと、このことがいたるところで実感できます。近世の芸術はますます徹底して外に見えるものを表現しようと努力してきましたが、その努力は印象主義において頂点に達しました。印象主義以前の芸術家たちが外的対象を芸術の中で再現しようとした努力を受けて、それを最後まで徹底させようとした印象主義者たちは、次のように言ったのです――「眼の前の人物や風景を描くとき、私は自分の印象を再現してはいなかった。私が森の前に立つとき、太陽が森を照らしているが、しばらくするとその輝きは以前と変化している。

自然主義的であろうとする私は、いったい何を捉えればよいのか。外界が私に示してくれるものは、決してその通りには捉えられない。なぜなら、どの瞬間にもそれは別の表情をしているから。描こうとする人物も、笑っているかと思うと、次の瞬間にはしかめっ面をしている。いったい何を描いたらいいのか。笑っている顔の上にしかめっ面の顔を重ねて描くべきなのか」。

外にあるものの瞬間的な姿を表現しようとすれば、その対象をそのままでいるように強制しなければなりませんが、自然は決して強制されようとはしません。そこで人間を強制してモデルとして座らせ、望むポーズをとらせるのです。しかし、そうやって自然を模倣しようとしても、その対象は硬直したような印象しか与えません。ですから、どうしてもうまくいきません。——そこで印象主義者たちは移りゆく自然の一瞬の印象だけを捉えようとしたのです。しかしそうなると、もはや完全に自然主義的であるとは言えません。自然を模倣せずに、特定の瞬間の自然があらわす表情を模倣するのです。こうして人びとは自然主義に徹するために印象主義に向かうのですが、印象主義はもはや自然主義に留まることはできません。そこで全体が逆転しました。印象主義者の中の何人かはもはや外的印象をではなく、どんな原始的なものであっても内部から立ち現れてくるものを表現しようと試みるようになりました。内なるものをしっかりと捉えようとしたのです。この人たちは表現主義に辿りついたのです。

そして、この同じ経過が道徳生活や法生活の分野にも見ることができるのです。いたるところで抽象的な精神生活への偏愛が現れています。近代的人間の発展を正しく見ることができれば、そのいたるところに抽象への努力を認めることができます。近代プロレタリアートの場合、このような努力から何が生じたでしょうか。プロレタリアートが機械の前に立たされ、無情な近代資本主義の中に組み込まれたとき、その運命のすべてが経済生活だけと結びつけられました。市民たちに芸術における自然主義をもたらしたのと同じ考え方、感じ方がプロレタリアートに唯物史観をもたらしたのです。プロレタリアートはいたるところで、市民社会の内部で形成されたものから最後の結論を引き出しました。そしてその結論が今、市民社会をひどく脅かしています。

市民社会の内部で、人びとはどのような仕方で宗教と関わってきたのでしょうか。以前はキリスト教秘儀の少なくとも先祖返り的に暗い観念をもっていました。こんにちの抽象的な精神生活においては、もはやそれについてのどんな観念をもつくることができない。ですからキリスト教の発展の始めの頃の感覚世界の内部で演じられた事柄、つまりキリスト教ではなく、単なるイエス教の教えだけを問題にしてきました。キリストはますます人間として考察され、その一方で超感覚的世界に属するキリストは人間の視野からますます消えていきました。抽象的な魂ではキリストへの道を見つけ出すことができません。イエスで満足していました。プロレタリア意識はそれを見て何を感じたのでしょうか。プロレタリアートはこう言いました——

「一体、われわれは何のためにイエスについての特別の宗教を必要としているのか。ブルジョワたちはすでにイエスをナザレの素朴な男にした。もしイエスがナザレの素朴な男であるなら、イエスはもちろんわれわれと同じような人間にすぎない。われわれは経済生活に依存している。なぜイエスが経済生活に依存していなかったと言えるのか。イエスが単なるナザレの素朴な男であり、彼が置かれていた経済状況に従って教えを告げていたとすれば、その彼をまったく新しい人類期の創始者と呼ぶ権利があるのだろうか。われわれはむしろキリスト教創設期の経済状況を研究しなければならない。そして、当時のパレスティナの経済秩序に従って仕事をすることをやめた素朴な職人が、放浪の日々にさまざまな考えを語ったときの事情を研究しなければならない。そうすれば、なぜイエスがあのように語ったのか理解できるだろう」。

近代プロテスタント神学の最後の帰結はこのような唯物論的イエス論なのです。それは近代プロレタリアートにとっても近代人一般にとっても、もはや未来を担う力とはなってくれません。

思想の自由、つまり思想の内なる自発性もまた、現代の深い無意識が求めているものです。しかし意識の表面はまさにその反対を求めているように見えます。または求めねばならないと思っているようです。ですから無意識はなおさら過激に反抗し、現在の恐ろしい階級闘争となって現れているのです。権威から自由になろうとした近代の支配的な市民層は、新しい種類のさまざまな権威信仰の中にまた落ち込んでしまいました。特にそれらの権威の中で最高の権威となった国家に由来するすべてに対して、盲目的な信仰を捧げるようになってしまいました。

近代市民階級にとって、例えば「専門家」の判断以上に高い権威はあるでしょうか。社会生活上のすべての事柄について、人びとは国家が認める「専門家」の判断に頼ろうとします。国家の資格試験に合格した人なら事柄の本質に通じているに違いない、というのです。誰かが神学博士という肩書をもっていれば、人びとは人間に対する神の摂理についての判断を彼から求めようとします。誰かが法律家であれば、社会生活上の権利について彼に意見を求めます。誰かが医者であれば、治療に関して彼に意見を求めます。そして哲学の専門家として活躍している人物には、認識に関するあらゆる事柄についての意見を求めます。

現代の哲学者はカント以前のすぐれた哲学者ヴォルフ［Christian Wolff（1679–1754）ドイツ啓蒙時代の哲学者・法学者］のある書物にふれるとき、いつもそれに皮肉な笑みを浮べます。その書物は『神、世界、人間の魂、その他すべての事柄についての理性的な思想』という表題をもっています。こういう表題を見ると、人びとは苦笑します。けれども国家がその国民のために設けた精神上の実験室で、つまり国立大学で、人間理性の内容全体が醸造されている事実に対しては、近代の指導層の人たちは全面的に信仰しているのです。この指導層は各人が各自の意識をもつようになることを求めず、意識にユニフォームを着せ、それが根本において広義での国家意識となるように、ひたすら求めるのです。近代意識は、本来人びとが信じているよりもはるかに徹底して「国家意識」となってしまったのです。人びとは国家のことを、自分たちに必要なすべてを与えてくれる神であると思っています。人びとはそれ以上、問題を発展させようとはしません。なぜなら、国家が生活のすべての分野の「理性的な思想」のために配慮してくれているのですから。

　プロレタリアートは民主的国家形態の中で許された若干の分野を除いて、この国家生活からは締め出されています。プロレタリアートは人間としてのすべてを労働力に変えさせられ、その労働力を通して経済生活の中に組み込まれてしまいました。ですからプロレタリアートは自分の生活を守るためにのみ、最後の帰結にまで到ったのです。近代市民は国家意識をもっています。いつでもそれを認めている、というわけではないにしても、非常に好んでこの国家意識で国家を支えています。実際、市民は名刺の肩書きに「予備陸軍少尉並びに大学教授」と記すような国家意識で国家を支えているだけではなく、もっと眼に見えないやり方でもいろいろとそうしているのです。

　けれどもプロレタリアートは国家に結びついた利害関係をもっていません。もっぱら経済生活に組み込まれているだけなのです。プロレタリアートの感情は市民感情の最後の帰結を表しているのですが、彼らの社会生活に応じた仕方においてそれを表しているのです。プロレタリアートの意識は階級意識になったのです。そしてプロレタリア階級は国家と結びついて発展することができませんので、この階級意識は国際主義《インターナショナリズム》の上に打ち立てられているのです。

近代国家は市民《ブルジョワ》だけのために配慮し、市民は自分だけのことを配慮されたがっていますので、ただ市民だけが近代国家と結びつくことができたのです。国家はプロレタリアのためには配慮しません。プロレタリアは自分が階級の一員として生きる限りにおいてのみ、社会の中にいる自分を感じることができたのです。プロレタリア階級はどんな国においても同じ仕方で生じましたから、この国際プロレタリアートは市民的なものに意識的に対立し、共通の意識の力で国家並びに国家要因に対立する感情を育てることができたのです。

近年、プロレタリアートのこの階級意識は非常に暗示力のある育成のされ方をしてきました。皆さんの中の何人の方がプロレタリアの集会に参加されたことがあるか、私は存じません。その集会がいつもどのようにして会を閉じるか、ご存知でしょうか。集会はいつも、多くの市民の集まりの中で市民意識から生み出されたものを、プロレタリア的帰結をもって模倣することで会を閉じるのです。例えば、中部ヨーロッパにおける市民の集会はどのようにして始まり、どのようにして終わったでしょうか。「皇帝万歳」と唱えることによってです。すべてのプロレタリア集会は「国際革命社会民主主義万歳！」で会を閉じるのです。毎週毎週プロレタリアによって唱えられるこの言葉がどんなに巨大な暗示力をもっているか、考えて下さい。巨大な統一意識が大衆を駆り立て、その結果、どんな思想の自由もおのずから排除されてしまいます。このことが魂の中にしっかりと根を下ろしたのです。

近頃はめったになくなりましたが、以前は市民による集会に社会民主主義者たちも招待されました。司会者はそういうとき、終わりに次のように言いました――「どうぞ社会民主党の方々はお帰り下さい。これから会場の皆さんに、起立して、皇帝万歳を唱えるようにお願いいたします」。以前は市民たちが話し合いのためにプロレタリア集会に招待されました。プロレタリアの司会者は会の終わりに次のように言いました――「どうぞブルジョワ階級の皆さんはここでお帰り下さい。これから国際革命社会民主主義万歳を唱えます」。このようにして、画一化する階級意識が魂を熔接したのです。まさに心の奥深くに生きている、思想の自由への、意識の個別的形式への憧れとは正反対のものがです。以上が第二の点です。

第三は、近代人の魂の深みで実現を求めている社会主義です。近代人の魂は、意識魂の時代［シュタイナーによる歴史用語。ギリシア＝ラテン文化期から一四一二年までの「悟性魂」の時代に続いて、それ以降の約二一六〇年間に及ぶ後アトランティス第五文化期をいう］には、個人がその中で十分生きがいを感じられるような社会有機体を求め、自分がその一員として感じられるように願っています。ですから人びとは、本当は次のように言えるようでありたいのです――「私は自分が社会有機体とどう関わっているか、社会有機体が私とどう関わっているか、それを私は自分で意識できるような生き方をしている」。しかし、すでに述べたように、こんにちの人間は社会人として、こうした実感を無意識の領域の中でしか持ちたいと思っていません。

こんにちの画家が絵を描くとき、もちろん次のように言う権利があります――「この絵はしかるべき値で売れるだろう。私はこれだけ努力して自分の芸術をこの絵の中に込めたのだから」。画家の芸術とは何なのでしょうか。それは社会有機体が彼のために可能にしてくれたところのものです。たしかにその画家の芸術性はカルマ的に、彼の以前の地上生活に依存しています。けれども、誕生を通して高次の領域から降りてくる個性のこの能力を除外すれば、私たちの芸術性はまったく社会有機体に依存しているのです。しかし、近代人はこのことを意識しておりません。そして意識の領域においては、社会感覚の代わりに、この四〇〇年間、ますます利己的、反社会的な思考方式が生じました。

人びとはまず自分のことを考え、可能な限り社会有機体から抜け出たところにいようとしています。「私たちが社会有機体からいただいたものは、すべてふたたび社会有機体にお返ししなければならない」という感情は、こんにちではごく少数の人の中にしか見られません。特に支配的な市民階級の場合には、精神生活に関する、考えうる最大限の利己主義が支配するようになりました。そして精神的なものの享受をまったく当然の権利とみなすようになりました。人びとは社会有機体によって提供される精神的なものの享受を得たとしても、別の機会にそれに対応する等価物をその社会にお返ししたい、とは願わないのです。

さて、社会の中で、精神生活に参加することを許されず、経済生活と魂の欠けた資本主義との中にすっかり組み込まれてしまっているプロレタリアートは、この市民的利己主義に倣って、最後の帰結をこの利己主義から引き出しました。それが剰余価値理論なのです。労働者は、自分が工場の機械を使って生産している、と思っています。ですから、それにふさわしいだけの収入を得ようとします。彼はその収入の一部分が差し引かれて、別のところへもっていかれることを欲しません。そして自分たちの他には、自分たちを機械の前に立たせる資本家たちしか見当たりませんから、当然すべての剰余価値は資本家側へ流れる、だからまず戦闘的に資本家に向き合わなければならない、と彼は信じます。しかし客観的に見れば、いわゆる剰余価値の中にはまったく別のものも含まれています。

一体、剰余価値とは何でしょうか。剰余価値とは代償を受けることなしに働いた労働力によって生み出されるすべてです。もし何も剰余価値がなかったらと考えて下さい。そうしたらすべては働き手の直接的な需要のほうに流れていくでしょう。もちろんそうなれば、どんな精神文化も、そもそもどんな文化も存在しえなくなる。経済生活だけが、そもそも労働者の手で生み出されうるものだけが存在することになるのです。ですから剰余価値を働き手に渡すことが大切なのではなく、剰余価値が働き手の納得できるような仕方で使用されるようにすること、働き手が剰余価値の流れを理解できるような状況を創り出すことが必要なのです。

この点に近代市民秩序が犯した最大の罪があるのです。人びとは機械を造り、工場を建てました。そして交易を行い、資本を流通させ、労働者を機械の前に立たせることで資本主義的経済秩序の中に組み込んだのですけれども、労働力とはまったく異なるものを労働者が必要としていることに考え到りませんでした。健全な社会有機体においては、労働者は労働力を行使するだけではなく、休息をとり、余暇のための余力を残すことも必要なのです。そして資本家は、労働力の経済的使用に関心を示すだけではなく、プロレタリアが余剰の労働力を残すということにも同様に大きな関心を払わねばなりません。そのような資本家だけが資本家として認められるべきなのです。資本家は労働者が一定の労働時間の後に、一般人間的な文化生活をいとなめるように、精神的にも物質的にも文化財に親しめるように、配慮しなければなりません。

そのためにはまずそのような文化財をつくらねばなりません。市民社会階級はそのためにいろいろな種類の一般大衆向けの文化施設をつくってきました。こんにちでは精神生活のためのそのような民族厨房には、どんなものも用意されています。ないものはないと言ってもいいくらいです。しかし精神生活のためのこの民族厨房がプロレタリアにどんな感情を目覚めさせたでしょうか。市民たちは自分たちで互いに煮出し汁を取った分の残り滓だけをわれわれプロレタリアに与えている、という感情を目覚めさせたのです。ですからプロレタリアは次のような不信感をもっています——「あいつらは民族厨房から取り出した敬虔な念というミルクを私の口に流し込むつもりだ。そうやって私をも市民らしく振る舞わせようとしている」。

実際、この市民の福祉運動全体は、こんにちの社会生活の地平線上に恐ろしい姿を現しているさまざまな事実に対して責任があるのです。こんにちの社会に見られる事柄は、人びとが考えるよりもはるかに深刻な土壌でつくり出されているのです。剰余価値を廃止しよう、というのは利己的な要求ですが、この要求は剰余価値を得ようとしてきた市民の同じように利己主義的な態度の最後の帰結として現れているのです。ここでもプロレタリアートは最後の結論を引き出しています。そして、魂の奥底にまどろんでいる真の社会主義の代わりに、魂の表面の意識の中には、もっとも反社会的な教義である剰余価値理論が現れるのです。実際、剰余価値を得ている人の場合、誰でもそれを自分の利己主義を満足させるために得ているのが現状です。

こんにちの私たちは本来の意識内容ではなく、階級内の経済関連の結果にすぎぬような意識内容を求めていますが、同じようにこんにちの私たちは、社会主義とは言えないような社会主義を求めているのです。そしてまた、こんにちの私たちは、精神を否定して、唯物史観の中に最後の帰結を見出している精神活動をそれぞれ行っています。

この事実が洞察できなければなりません。そうでないと、現代を理解することはできません。市民たちはこの方向での状況把握をほとんど行ってきませんでした。こんにちの状況がこれほどはっきりと、そして激しく語ったあとなのに、依然として彼らはこのような意識を身につけようとはしないのです。プロレタリアートにおけるこんにちの反社会的努力の中から真の社会的努力を引き出す以外に、可能な道はないのです。そのような真の社会的努力は、経済生活を社会有機体の一分肢として、独立した地盤の上に置こうとする。そこには固有の立法、固有の管理があり、そこへは国家を介入させません。別の言葉で言えば、国家はどんな分野においても、みずから経営者であることがないようにしなければなりません。そうしなければ、人びとが魂の奥深くで憧れている真の社会主義を経済生活の中で形成させることはできないのです。

政治国家は経済生活の拘束から切り離されていなければなりません。経済生活だけでなく、精神生活、文化生活、学校生活にも干渉してはなりません。国家が経済生活と精神生活の両面に干渉せず、もっぱら法生活のみを体現すれば、すべての人間が法の前では平等である、というあの基本的人権がこの地上世界に実現します。このような国家だけが、思想の本当の自由を育てることができるのです。

健全な社会有機体の第三分肢として、自立した精神生活が形成されねばなりませんが、この精神生活は霊的現実から生命を汲み出して、真の霊学を創造しなければなりません。こんにちの人間の魂の奥深くで求められているものは、三分節化されたこの健全な社会有機体なのです。

私たちは今日、考察したような仕方で社会問題を考えています。霊学はこの意味で社会的にも深刻に受けとめられるべきなのです。決して日曜礼拝の説教のようにそれを受けとめてはなりません。なぜなら、それこそ市民的になってしまうからです。小数グループのためにのみ利益をあげる、または少なくとも、そう信じる経済生活と並んで、そしてまた国家権力のための国家生活と並んで、少しばかりの精神生活をいとなみ、少しばかりの精神生活のために牧師のところへ行ったり、オカルティズムに関心をもったりするのが市民的なのです。それはとても市民的なのです。そして顕著に市民的な仕方で、近代の精神生活は神智学運動を提示しました。この市民化された神智学よりも市民的なものは考えられないくらいです。

市民意識はこの運動を、ひとつの分派的精神運動として捉えました。私たちがこの神智学運動を近代の人類意識にふさわしい、全人類のための運動にしようと努力して以来、この運動は闘争そのものでした。人間の魂の表面に広く根を張った市民的な分派衝動が、常にそれに反抗しました。しかし、ここを超えていかなければなりません。人智学の努力をそのようなものとして理解していただきたいのです。それは時代によって求められており、個人的な関心ではなく、社会的な関心から働こうとしております。小さな集まりの中で連続講義を読むように働くだけではないのです。もちろん私たちが連続講義を読むのは良いことです。

どうぞ連続講義を一緒に読むべきではないという結論を、今申し上げたことから引き出さないで下さい。しかし、そこに留まっていてはならないのです。連続講義の中に述べられているものを、本当に人間生活の中に組み入れるために、その内容を近代意識と関係づけて下さい。ですから、まずしっかりと連続講義を読んで下さい。そうすれば、その連続講義に含まれているものが実際に、私たちの生活力の一部分になってくれるのを経験なさるでしょう。それは現代の中で苦闘している魂にとっての最上の社会的養分になるでしょう。なぜなら連続講義のすべてはそのように考えられているのですから。

そして私たちの建築もまた、そのような意味で考えられています。特に芸術的にこの建築活動と結びついているものの場合にはです。この建築はまったく近代の意味で考えられており、それ以外にはまったく考えられておりません。この建築が社会的関係においてもっとも新しい時代の産物であり、その意味で努力しているということを、皆さんがすでに考えておられたかどうか、私は知りません。どうぞ一度考えてみて下さい。もしこの建物がそれ自体で存在すべきものだとすれば、少なくともその内部の大部分はなんの存在理由もなくなってしまうのです。それらにそもそも存在する意味があるとすれば、社会との関連においてでなければならない。昼間でさえも、上方の円蓋の中は真っ暗です。そこに電気の光が当たらなければ、真っ暗な闇が支配するだけでしょう。この建物は自分以外のものにまったく頼っています。それはもっとも新しい時代意識から生み出されたのです。もっとも新しい時代が魂の表面にではなく、魂の内部に求めている霊的なものから構築されたのです。

その意味でこの建物についていろいろな考察ができると思います。それは現代の精神生活を代表しています。それは一種の彗星のようなものとしても考えることができます。感情となった人智学が本当にその中にいる人びとの魂の中に生きているとき、この建物には尾が生じます。しかし、多くの人はこの建物に対して、ちょうどある種のカトリック教徒が近代天文学に対するときのように対しているのです。近代天文学は彗星を通常の天体としているのですが、以前は何らかの感覚的に受けとめられた霊が天上の窓から差し出した懲罰用の鞭だと思われていました。カトリック教会が彗星を他の天体と似たようなものだという主張に反対できなくなったとき、あるカトリック教徒たちは次のように説明したのです――「彗星は核と尾から成り立っている。核の部分が他の星と同じような天体であることは否定できない。しかし尾はそうではない。それは以前から考えられてきたように、依然として不可解なものだ」。

それと同じ理屈で、人びとは次のように考えることができるでしょう――「われわれは建物を有効なものにしておこう。しかし、尾として建物に結びついているすべての厄介な感情については、何も知ることはできない」。――しかし、この建物は彗星のように、その尾をも自分の一部分にしています。ですから、建物と結びついているすべてのものも建物と一緒に感じとらなければならないのです。

ヘーゲルとマルクス

霊的社会主義による両者の調和

（『意識問題としての社会問題』から第８講）

ドルナハにて

1919年３月16日

Hegel und Marx.

Der Ausgleich in einem vergeistigten Sozialismus

(Die soziale Frage als Bewusstseinfrage)

昨日私は、現代の思考がどれほど現実から遊離しているかを明らかにするために、国際問題を論じる人びとを例にあげて、国際連盟の設立は、どちらか一方の側の勝利なしの平和でなければ不可能だ、とウィルソン〔Thomas Woodrow Wilson（1856–1924）アメリカ合衆国第二八代大統領（任期一九一三―二〇）〕が説いていることを、その人たちがすっかり忘れてしまっている、と申し上げました。今日は皆さんに、一九一七年一月二二日にウィルソンが国際連盟設立のための条件にどれほど厳しい注文をつけているか知っていただくために、彼の演説の一部分のドイツ語訳を読み上げたいと思います。ウィルソンは次のように語っております。――

勝利のない平和でなければならない、ということが特に言いたかったことなのです。こう申し上げなければならないことは嬉しいことではありませんが、このことに対する私自身の見解を述べ、それ以外の見解はありえない、と強調することを許していただきたいのです。私はただ、事実を正視していただきたいのです。どんなごまかしも許されません。勝利による平和というのは、敗者に対して勝者の条件を受け容れさせることを意味します。

そしてそのような条件とは、深い恭順と屈従と耐えがたい犠牲との下でのみ受け容れられるようなもので、傷の痛み、怨恨の思い、悲痛な思い出だけがあとに残ります。このような土台の上の平和は長続きしません。砂上の楼閣のようなものでしかありえません。対等の者同士の間の平和だけが持続されるのです。そのような平和だけが本質的に、平等と万人に共通に役立つ恩恵との共有を可能にしてくれるのです。諸国民の間に正しい考え方、正しい感じ方が行きわたっていることが持続的な平和にとって必要なのです。そのようにして私たちは、領土、人種、民族の帰属性をめぐる根深い問題の解決へ向けて努力しなければなりません。

当初は以上が国際連盟設立の条件だったのです。そして、よく考えてみれば、このような「勝利なき平和」が実現されていない限り、現在設立されている国際運盟についてのあらゆるおしゃべりはなんの意味もありません。ですから、沈黙に終わらざるをえないはずです。けれども実際はそうなりませんでした。人びとは現実をふまえて考えることをせず、抽象的な論議にふけり、思想を正しい前提の下に構築しようとはせずに、提案が一度ころがり始めたら、そのままころがり続けていくにまかせています。これは世界をこんなにも大きな不幸に陥れた現代の思考方式の明白な一例にすぎません。現実離れした思考の代わりに現実を深く掘り下げていく思考が必要なのです。このことがわからない限り、こんにちの社会状況を明るい方向に転化させることはできないでしょう。

世界の大きな課題に関しても、日常生活の中で生じる小さな事柄に関しても、この点を洞察しておかなければなりません。なぜなら、個人が日常生活の中で用いる尺度は人類の最高の課題にも当てはまるからです。ですから、繰り返して次のような問いを魂の前に立てなければなりません――「一体、現代において何が真の変革を可能にするのか」。

人が霊学を受け容れるとき、超感覚的世界について確信を抱いているかどうかが問題なのではありません。そうだとしたら「何」、つまり内容だけが問題になってしまいます。大切なのは、誰かが現代という時代の霊的啓示を受けて語るとき、その超感覚的世界の内容を思考の中に受けとめる人が、それによって「いかに」を、つまり自分の思考方式を、変革させることなのです。言い換えれば、世界を真に衝き動かしているものに対する感受性をもち、それに関心を向けることができるように、自分の思考を次第に深化させていくことです。ですから霊学を通して私たちが何を認めることができるようになるかではなく、霊学を通して私たちの思考全体をいかに変化させることができるかが問われているのです。一体、こんにちの社会に霊学に対するこれほどまでに根強い反感が支配しているのは、どうしてなのでしょうか。

この反感に関して、私は昨日、三分節化された社会有機体と関係づけてお話いたしました。

昨日、私は次のように申しました。――精神生活を自立させ、それを経済循環と政治的国家生活とから独立させる立場に一度本当に立って下さい。そうすれば比較的短時間の内に霊学を普及させることができるようになるでしょう。

昨日はそう申し上げましたが、しかしもっと深く問題を掘り下げれば、さらに次のように問うことができます――「一体、なぜ人びとは精神生活の真の解放が必要だということに気がつかないのか」。

その理由は、近代の精神生活が霊界に眼を向けることのできない形態をとるようになってしまったからです。極端な言い方をすれば、現在の悲劇的な状況は、近代において真の霊的生活が誤解されてしまったことに対する一種の罰であるともいえるのです。もちろん、思想の社会性を獲得することなしに未来を生きぬくことはできません。このことをまず洞察していただかなければなりません。このことを事実が教えております。そして、その事実に反対するのは馬鹿のやることです。

しかし一方で、この状況を生じさせている根底にまで深く洞察の眼を向けることも必要なのです。どんな種類の社会主義も、同時に霊的生活と結びつかない限り、人類の社会に不幸をもたらす結果に終わります。このことを明確に洞察できるようにするために、今日は社会主義的思考が一般の近代思考の中からどのように生じてきたかを、根本から取り上げようと思います。

このことについてはすでにいろいろと述べてまいりましたが、今日はこれまで述べてきたことを総括するような話をしようと思うのです。私はフィヒテ［Johann Gottlieb Fichte（1762-1814）ドイツの哲学者。ドイツ観念論の代表者の一人］のような思想家が社会問題を論じるとき、こんにちのボルシェヴィズムとまったく類似した考え方がそこに見られる、と申し上げました。私は次のように申しました——「フィヒテの社会理論を実際に適用したなら、フィヒテは真正のボルシェヴィストといわれたであろう」。

フィヒテは、その一方で霊的な思想と結びついていましたから、人びとに危険思想だと思われることなく、すでにあの当時、ボルシェヴィズムの考えを『封鎖的商業国家』として出版することができたのです。こんにちでは『封鎖的商業国家』が真のボルシェヴィズムであると気づかないくらい、事柄の真の内容に深く立ち入ることをしなくなっています。

けれども、近代の特徴を特別はっきりとあらわしている思想家はヘーゲルです。さらにカール・マルクスは、もちろんまったく独特な仕方においてではありますが、ヘーゲルに依存しています。今日はまず、一見抽象的な思弁だけが展開されているように見えるヘーゲルの思考方式から話を始めたいと思います。この四年半の混乱の中でもヘーゲルは随分話題になり、多くの的はずれな意見も聞かれました。ですから、彼の思考方式を一度客観的に考察しておくことは大事なことなのです。

一体、ヘーゲルは世界についてどのように考えていたのでしょうか。どのように世界の秘密を開示しようと試みたのでしょうか。ヘーゲルは世界を基礎づけている存在界について、さまざまな機会に広大な展望を与えています。中でも『哲学的諸学のエンチュクロペディ』にはそれが見事な仕方でなされています。そこで今、この書のヘーゲルがどんな世界観を語っているのか、ポピュラーな仕方で述べてみようと思います。

ヘーゲルの世界観は二つの部門に分れています。第一の部門は「論理学」です。論理学とはヘーゲルにとって、人間主観の思考の技術ではなく、世界内で働くすべての理念の総計です。つまりヘーゲルにとっての理念は人間の頭の中で働いているものだけではありません。そういう意識された理念だけではありません。理念とは事物そのものの中に働いている力なのです。ヘーゲルは事物の本質をそのような理念にまで遡って追究し、論理学の中で、事物に含まれている一切の理念の総計を与えようとするのです。

まだ自然の中にあって、創造的に自己を顕していない理念、人間の中で反省したり、認識したりするようになる以前の理念は、自己に即した理念です。それはまだ世界の中で理念としてのみ存在しています。今こう述べたからといって、皆さんがそれを聞いても多分特別賢くはならないでしょう。しかし、そのことをすでに以前から人びとは主張しておりました。つまりいくらヘーゲルを読んでも賢くはならない、と主張してきました。その理由は、純粋な理念だけの織物が存在できるとは考えることができなかったからなのです。

一方、ヘーゲル自身はこの純粋な理念の織物の中に世界創造以前の神を見ていました。ヘーゲルにとっての神は本来理念の総計、もっと正確に言えば、理念からできた生命体なのです。神とは、自然が生じる以前に、もしくはその自然を基礎にして人間が進化する以前に存在していた理念の有機的存在形式であり、そのような理念を彼は純粋な論理学の中で表現しようとしました。それは世界創造以前の神なのです。つまり世界創造以前の神が純粋論理学なのです。

さて、もし誰かがこれまで存在していたすべてのものの理念を数え上げるなら、論理学を学ぶ上で非常に役立つでしょう。生きた神の理念も、あるいは空中に張られたくもの巣の理念も――そんなものは世界創造以前にはなかったでしょうが――、すべてひっくるめてです。それは人間の魂の役に立つでしょう。しかしヘーゲルの純粋論理学の場合には（そしてこれがごくわずかな人にしか関心をもたれないことの理由なのですが）純粋な理念そのものの織物だけしかそこに見出すことができません。もっとも内容にとぼしい概念である「純粋存在」から始まります。それからさらに「非存在」へ向かい、それから「定存在」に到ります。

このようにして皆さんは感性的世界ではなく、人間が世界について作り出すすべての理念世界の総計を、純粋存在から有機体の合目的的な構造に到るまで、理念そのものだけを、心の中に思い浮べるように促されます。普段の私たちはあまりにも退屈なことですから、そのような内省を行うことはしません。いずれにせよ皆さんは理念の総計を手に入れますが、そのどれもがみな抽象的な理念ばかりです。ですから、人間の生きた感情はこのような抽象理念の総計にはやりきれなくなり、次のような非難を加えたくなります――「理念そのものが単独で存在していると信じるのは、ヘーゲルの汎神論的な独断である。私は、理念ではない本当の神が、世界創造の以前から存在しておられたと思う。そのような神が諸理念を世界創造以前から所有し、その諸理念に従って世界を創造なさったのだ」。

しかし皆さん、一度そのような理性そのものである神の魂のいとなみを心に思い描いてみて下さい。その神はヘーゲルのいう理念だけを、つまり極端な抽象理念だけを内に所有しており、常にただ純粋存在から合目的的組織に到る間に働いているものだけを思索している神なのです。神のそのような魂のいとなみを敢えて心に思い描くとき、皆さんは何とおっしゃるでしょうか。神の神的理性が、ただそのような抽象理念しか所有していないほど貧しいはずはない、と皆さんはおっしゃるでしょう。けれどもヘーゲルにとっては、このような抽象理念の総計が神そのものなのです。神の理性だというのではなく、世界創造以前の神そのものだというのです。今皆さんに知っていただきたいのは、ヘーゲル哲学の本質が、抽象理念を超えていこうとはせず、かえって抽象理念を神とさえみなしているという点なのです。

次いで彼は第二の部門へ向かいます。すなわち「自然」に、です。ここでも私はヘーゲルが理念から、つまり世界創造以前の神から自然にまで歩んでいくその歩みをまとめてご説明しようと思います。しかしそうしたとしても、皆さんがこれまでの思考習慣に頼っていらっしゃる限り、あまり得るところはないとお思いになるでしょう。ヘーゲルによれば、論理学にとっての理念は自己に即し、かつ自己に対しています。これに反して、自然にとっての理念は、自己の外に出ています。ですから皆さんが自然を展望なさるとき、そこに見るものも理念なのです。それは論理学の中に含まれているものと同じものなのです。ただ自分の外で存在している、もしくは別の仕方で存在している理念であるという点だけが異なっているのです。

次いで、ヘーゲルは自然をその単なる機械的構造から植物、動物の生物学的な在り方に到るまで辿ります。彼は自然のいたるところで、光、熱、他のエネルギー、重力などの理念を見つけ出す試みをします。ヘーゲルは、抽象性の意味をしっかりと受けとめる人には、彼本来の直観力、比喩力で報いてくれます。——けれどもヘーゲルのこの直観力や比喩力はしばしば彼本来望んでいるものの理解を妨げています。私はあるとき、親しくしていた大学の哲学教授に対して、ヘーゲルを弁護しようとしたことがありました。きっと皆さんもお気づきでしょうが、私は本当に意味のあるものなら、何でも弁護するように心掛けておりますので、ヘーゲルを弁護しようとしたのです。私は自分自身の意見だけに頼って、その他のものをすべて徹底的に批判するような態度には与していません。何かが良いと思えたら、それを常に弁護しようと思っています。それはいわば霊学の実証主義ともいうべきものなのです。けれども、そのときは私のヘーゲル弁護がうまくいきませんでした。相手に次のように言われてしまったのです——「ヘーゲルのことを話題にするのはやめましょう。彗星のことを天界における疫病だ、というような人をまじめに論じても仕方がないでしょう」。

もちろん、彗星が天界におけるはしかのような発疹だ、というヘーゲルの直観力豊かな論評は、その全体的関連の中で理解されなければならないことだったのですが。

自然の中に具現しているすべての理念、概念のインデックスを作成したあと、ヘーゲルは第二の部門である「精神」に向かいます。彼は精神の中に、自己に向き合った理念を見ます。その理念は世界創造以前のように自己の中に埋没しているだけでなく、自己に相対して存在しているのです。理念は人間の魂の中に内在しています。それから外界で客観的に存在するようになります。そしてさらに、人間の中の自己に相対しても存在しています。人間は理念ですし、すべては理念なのですから、この自己に相対しているものも理念なのです。

そこでヘーゲルは、理念の進化の過程を追究しようとします。まず個人の魂の中に内在している理念を追究します。それから——若干の部分をとばして言えば——さらに国家の中に内在している理念を追究します。人間の魂の中の理念は内部で働きますが、国家に内在している理念は客観化されて、法律や制度となって働きます。そのようなすべてのものの中で、理念は働いています。そのように理念は客観化されますが、さらに一段と客観化されますと、世界史そのものの中で発展を遂げるようになります。理念は国家となり、世界史となって働くのです。世界史においては物質界における人類の進化に関わるすべてが理念として数え上げられていきます。魂、国家、世界史の中で理念として働いているものは、どんな場合にも物質界の外へは出ていきません。どんな場合にも理念は超感覚的世界を指示しません。なぜなら超感覚的世界とは、ヘーゲルにとって、すべての中に生きているこれらの理念の総計であるにすぎないのですから。あるときは世界創造以前における自己に即し、自己に没頭している存在として、また別のときは自然における自己外的存在として、そしてさらに人間の魂、国家、世界史における自己に相対した存在として、理念は生きているのです。次いで理念は最高のところにまで発展を遂げ、芸術、宗教、哲学という生成の最後の帰結にまで到るのです。

1　論理学――自己に即し、自己に相対する理念
2　自然――自己の外に存在する理念、別様に存在する理念
3　精神――自己に相対して存在する理念
　　魂―国家―世界史
　　芸術―宗教―哲学

芸術と宗教と哲学が人間生活の中に現れるとき、それらは国家や世界史よりも上位に立っています。しかし、それらは純粋論理学という抽象理念を具現したものにすぎません。芸術においては、世界創造以前に論理学として存在していた理念が感覚的な形象の中で表現され、宗教においては、感情に即した表象を通して表現され、そして最後の哲学においては、純粋な形姿をとった理念そのものが人間精神の中に現れるのです。

人間はこの哲学において、自己実現を初めて達成します。自然と人間とがそれまで理念の働きで産み出してきた自分以外のすべてを回顧し、そしてそれ自身が理念である神に自分が充たされていると感じます。世界におけるこれまでの生成発展の全過程をすべて回顧するのです。いわば神自身が人間の中でみずからの働きを回顧し、直観するのです。しかし、このように人間の中でみずからを回顧し、直観する神とは本来、理念そのものなのです。抽象活動が抽象活動を直観するのです。

人間の抽象活動に関するこの思想以上に天才的なものを考えることはできません。抽象世界での天才性を問題にする限りでは、です。ヘーゲルは次のように述べています――「理念は至高のものだ。理念以外に神は存在しない。理念は神なのだ。そして人間の魂よ、お前も理念なのだ。ただお前の内なる理念は自己に相対する存在にまでお前を導く。人間の魂の中で、理念はみずからを直観する」。

皆さん、内的な意味でこれ以上大胆なものを考えることはできません。私たちはこうして理念の中を遊泳します。私たち自身が理念であり、すべては理念です。つまり人間と世界とがこの上もなく抽象的な形式で把握されているのです。まさに一八世紀から一九世紀への転換期以降に到って、人間精神は大胆にも次のように語るようになったのです──「現実を抽象的な理念として把握する者だけが現実を把握する。抽象的理念以上に高次の現実など存在しない」。

そう語るヘーゲル哲学全体の中には、始めから終わりまで超感覚的世界へ導くような道はどこにもありません。ヘーゲルにとっても超感覚的世界へのそのような道は存在しえません。なぜなら人間は死にますと、ヘーゲル哲学の意味で人間は本来理念なのですから、その人は世界理念の一般的な流れの中へ合流していくからです。ヘーゲルにとって、人間はもっぱら世界理念のこの流れについてのみ何事かを語ることができるのです。ヘーゲル哲学がどんなに偉大なものであっても、そこには超感覚的なものへ導くような概念はひとつもないのです。私たちの前にヘーゲル哲学として──もちろん氷のように冷たい抽象作業を通して──現れてくるものはすべて、それ自体において超感覚的です。けれども抽象的に超感覚的なのです。抽象的であるというのは、何らかの超感覚的なものを受容するためにはまったく不適当なのです。それはむしろ感覚的なものを受容するためにのみ適しているのです。ヘーゲルの場合、たしかに感覚的なものは超感覚的なものによって精神化されているのですが、どこまでも抽象的形式として精神化されているのです。そして、すべての超感覚的なものがそれによって退けられているのです。本質的には、始めから終わりまでヘーゲルにおける理念の総計は、まさに感覚的世界だけに関係づけられているのです。ヘーゲルの場合、理念の超感覚的性格は全然考察の対象になりえないのです。ヘーゲルにおける超感覚的な理念は超感覚的なものを志向せず、感覚的なものだけと関係づけられているのです。

どうぞ、この点に注意して下さい。近代思考は徹頭徹尾、超感覚的なものを拒否することを特徴としているのです。しかし、表面的な唯物論だけではなく、最高の思考能力もまたそうしているのです。そのような意味でヘーゲルは唯物論者ではなく、客観的観念論者なのです。彼の客観的観念論は、客観的な理念そのものが神であり、世界の基礎であり、すべてである、という立場を代表しています。

このような精神衝動を創始した人は、その創造行為に際して一種の内的な満足を感じたに違いありません。しかし、その満足感がそこに欠けているものを見過ごさせたのです。この思想体系を創始するのではなく、それを考察の対象にする私たちは、今、その分だけきびしく、その不十分さを感じとることができます。この点について私の書いた『人間の謎について』〔『人間の謎――ドイツ人とオーストリア人が思考、直観、反省において語ったもの、語らなかったもの』一九一六年」の中で取り上げました。

そこで考えていただきたいのは、ヘーゲルのように本来的に超感覚的な衝動をもった人物がこのような仕方で思想を紡ぎ出すのではなく、カール・マルクスのように物質的なものに対する特別の感覚をもった人物がこの思考を継承したらどうなるか、ということです。そのときまさにこのヘーゲルの哲学そのものが、すべての超感覚的なものや、それと共にすべての理想主義的なものを拒否するきっかけとなるのです。カール・マルクスの場合にそのことがはっきり現れています。

カール・マルクスは思考のこのヘーゲル的形式を身につけました。けれども彼は現実における理念を考察するのではなく、現実がそれ自身で絶えず単なる外的物質的現実として糸を紡ぎ続ける様を考察するのです。彼はヘーゲル主義の精神化への衝動を、物質化への衝動に転化しました。この意味で近代社会主義的思考の根幹神経は、近代観念論的思考の頂点に根を下ろしているのです。世界史上、最高に抽象的な思想家と最高に唯物的な思想家とがこの時点で出会ったということは、一九世紀の内的必然だったのですが、しかし、それは一九世紀の悲劇でもありました。それがいわば精神生活をその正反対のものへ転換する決定的なきっかけをつくったのだからです。

ヘーゲルは、抽象概念の中で前進していきます。存在は転化されて非存在になります。非存在と調和できないと、それによって生成が生じます。このようにして、概念は定立《テーゼ》、反定立《アンチテーゼ》、総合《ジンテーゼ》を通して進んでいきます。この一種の内的三和音をヘーゲルは純粋理念の分野で実に見事に取り扱っています。

カール・マルクスは、ヘーゲルが論理学と自然と精神のための内的理念運動の中に求めたこの内的三和音を外的物質的現実に適用して、例えば、次のように述べるのです。——近世の私経済的＝資本主義的な社会形態から、ヘーゲルにおける存在から非存在への発展のように、トラスト形成が、つまり私有資本主義経済の資本主義的社会化が発展する。トラストがますます経営手段を統合していくと、まさに私有資本の財産がその対立物に転化する。個人経済の対立物である集合経済が生じる。

これは対立物への、反定立への転化なのです。今、総合が始まります。全体がもう一度転化します。ちょうど非存在が生成に転化するようにです。つまり私経済のトラスト経済への統合はより大規模なものへ転化されます。そしてトラスト経済を生産手段共有経済へと止揚するのです。このようにして、純粋に外的経済的な現実が三和音の中で前進していきます。カール・マルクスはその際まったくヘーゲルの思考モデルに従って考察するのですが、ヘーゲルの思考が理念の要素の中で働くのに対して、マルクスは外的経済的現実のいとなみの中で思考します。このように両極端が肩を並べているのです。ちょうど存在と非存在のようにです。

こういう現実を前にして、皆さんが理想主義と現実主義、唯心論と唯物論をめぐってどんな論争をなさるとしても、何の成果も得られません。人生を真に支えてくれるものは「現代の三位一体」の意味を考えるときにのみ、見つけ出すことができるのです。すなわち人間が中央に位置しています。そしてその一方の側にはルツィフェル的なものが、他方の側にはアーリマン的なものが位置しています。アーリマン的唯物論とルツィフェル的唯心論とが両極端に位置し、人間はその中心に位置して両者のバランスをとるのです。

皆さんが真実を知ろうとするのでしたら、理想主義者か現実主義者、または唯物論者か唯心論者に留まり続けることはできません。そのいずれにもなれなければならないのです。皆さんは精神を徹底して探し求め、それを物質の中にも見出せなければなりません。つまり物質を通して精神を見出すことができるほどにまで、物質の本質を洞察しなければなりません。

これが新しい時代の課題なのです。唯心論と唯物論について論争を続けるのではなく、バランスをとる位置を見つけるのです。なぜなら、両極端であるヘーゲル的ルツィフェル主義とマルクス的アーリマン主義とは、すでに十分に生きてきたのですから。それらは存在し、教えを示してきました。こんにちの人びとは両者を調和させうるものを本当に見出さなければならないのです。そしてそれが人智学的霊学の課題なのです。

それにはもちろん、ヘーゲルが達成した純粋思考にまで登っていかなければなりません。しかし私たちはこの純粋思考を、超感覚的世界への道をさえぎる障壁を突破するために、用いなければなりません。感覚的世界だけに関わる理念組織としての論理学を学ぶだけで満足するのではなく、論理学が発見された地点で、感覚的なものから超感覚的なものへの突破口を開かなければならないのです。この突破口を開く行為は、ヘーゲルの場合にはまだ達成されていません。だから人類はそこから物質的現実のほうへふたたび投げ返されたのです。

社会主義が何も霊的なものと結びつくことなしに現れたのは、それを担う近代的思考がもっとも純粋で高貴な在り方をしたときでした。社会主義的思考と霊的思考との結びつきがこれほど困難になったのは、人類史の歩みそのものにその理由があるのです。ですから、この関連全体を見通すことができたときにのみ、この関連の中から救済への道を見出す力を手に入れることができます。こんにちの大学で喧伝されている科学研究では、そのための役に立つことはできません。

ヘーゲルは人間を肉体的にではなく、思想的に、ちょうどレモンを絞るようにして、すっかり水気がなくなるまで、絞り出しました。そして、この水気を取り去ったレモンたる人間が理念として残りました。皆さんは今、椅子に腰かけていらっしゃいます。ヘーゲルの意味での皆さんは、ここに腰かけている理念そのものなのです。肉体でも魂でもなく、理念なのです。なぜなら、皆さんのひとりひとりが自分の中に理念を担っているのですから。その理念はすでに世界創造以前に抽象的理念として存在しておりました。一人ひとりの身体は自然ですから、自己の外に存在する理念がいま身体となって椅子に腰かけているとも言えるのです。さらに皆さんの内部には理念が自己に相対して存在しています。皆さんは皆さんご自身を理念として把握なさいますが、そのような理念としての皆さんがどんなに図式化されているか、どうぞ考えて下さい。皆さんが理念として自己に埋没したり、自己の外にいたり、自己に相対したりして椅子に腰かけていらっしゃるとき、しかし、ひたすら理念として腰かけていらっしゃるとき、どんなにご自分が絞りとられて存在しているか、どうぞ考えて下さい。

一方、カール・マルクスの意味での皆さんは、理念とはまったく異なる何かです。ヘーゲルの観念論の方法をくぐりぬけてきたマルクスにとって、皆さんは自然秩序の中に生じ、そして二本足で立つようになった動物にすぎないのです。これがもう一方の極端なのです。

人類の進化の歩みの中で、人間をふたたび人間らしく理解しようとする試みがどうしても必要でした。一般的理念として、または単なる動物として、人間の本質を提示するのではなく、自然進化の頂点にある身体に担われ、霊界の目標点となった魂の本性を自己の内に担う真に個的な人間をはっきりと表現する必要があったのです。私はこのような試みを『自由の哲学』の中で行いました。『自由の哲学』を書くように私を駆り立てたのは、この問題が抱えている精神史的な状況でした。魂を担っている最高度に進化した動物としての人間は自由ではありえません。自己に即し、自己の外にあり、自己に相対している理念としてのあの図式的人間も自由ではありえません。なぜなら、そのような人間はただ論理的必然性を通してつくり上げられているだけなのですから。この両者は自由ではないのです。自由なのは霊への突破口を開く理念と外的物質的現実との間でバランスをとる人間だけです。

ですから『自由の哲学』の中でも、道徳を何らかの抽象的な根本命題の上に基礎づけるのではなく、当時私が道徳的想像力と名づけた、内的体験の上に基礎づけようとする試みがなされました。個的人間の中で直観から汲み取られた具体的な体験にです。

カントは定言命令を出しました――「お前の行為の原則がすべての人間のための規準でありうるように行為せよ」。

どんな人間にも合うような衣服を身につけよ、というのです。『自由の哲学』では次のような原則を立てます――「お前の行為の原則が具体的な個々の瞬間に、お前の最高の人間能力を通って、精神から流れ出るように行為せよ」。

そうすれば私たちは、道徳哲学による廻り道をとっても霊界にまで到ります。そしてこれが多分、こんにちの人間にとっての霊界へ到る大切なひとつの道なのです。道徳的なものは、もしそれが超感覚的な霊の一部分である、と理解されない限り、どんな支えも見出せないはずです。基本的にはそれほど理解し難いことではないはずのこの点を、私たちが洞察できればいいのです。ヘーゲルの論理学は、始めから終わりまで抽象的な理念の総計です。しかし私が全自然を、眼に見えるすべてのものを理念の図式としてしか見なかったとしても、そのことは別に害になることではありません。しかし、私たちを道徳行為に駆り立てるものが霊界から来るのではないと思わされるとすれば、それは害になることです。なぜなら、それが霊界から来るのではないとすれば、それは真の現実性をもちません。それは動物的人間から生じてくる響きと煙でしかありません。ヘーゲル哲学の場合、動物的人間が死んでも、それだけではその人間にとって何もあとに残りません。ヘーゲル哲学の場合、死の門を通っていった人間にとって、あとに残されている概念はひとつもありません。あるいは誕生の門を通ってこの世へやってくる以前に、その人間にとってすでに存在している概念はひとつもありません。

ヘーゲル哲学は偉大ですけれども、一九世紀の通過点として偉大なのです。ヘーゲルの偉大さを認めることは、彼の仕事を継承しようとすることを意味します。しかしその場合、純粋思考、純粋論理学、理念そのものを通って、遂には超感覚的世界にまで参入しようとするときに、そこに立ちはだかるものを打破する行為の中でそれを継承するのでなければなりません。これまでヘーゲリアンであることは、一九世紀初頭の数十年間に立つことの許された地点に、二〇世紀初頭においても立つことであり、そうすることが偉大な精神のすることなのだ、と思い込んでいる厄介な頭脳の持ち主たちの私的なぐさみでしかありませんでした。なぜなら抽象的に人間として生きようとするだけでなく、時代の中に、時代の進歩の中に生きることを学ぼうとしていなかったからです。私たちは特定の時代状況の絶対化を否定することによってのみ、時代の生命と結びつくことができるのです。そうでなければ、人間を進化へ導く方向で共に働くことはできないでしょう。そして私たちにとっては、人間進化のために共に働くことが大切なのです。

ラファエロは偉大でした。彼の創造した「システィーナのマドンナ」は、非常に重要な絵画作品です。しかし、この作品を正当に評価できるのは本来、こんにちの画家が「システィーナのマドンナ」を描いたのだとすれば、それは良くない絵になると思える人だけなのです。なぜなら何かを絶対のものと取るのではなく、大きな歴史的関連の中に身を置くことが大切なのだからです。

こんにちでは絶対世界の中に身を置くのではなく、現在のこの地上生活に身を置いて、現代という時を意識的に感じとる必要があるのです。逆説的に聞こえるかもしれませんが、こんにちの画家が「システィーナのマドンナ」のような絵を描くとしたら、こんにちの絵画精神から言って、下手な絵になってしまうと思える人だけが、このマドンナ像を正しく評価できるのです。なぜなら、どんなものも絶対的な価値をもっておらず、事物はそれが置かれている世界の中でこそ、その本来の価値を見出すことができるのですから。

これまでの人はこのような考え方をしなくてもやってこれました。これからはこのような見解が必要なのです。この見解は決してそれほど深いものではありません。ピタゴラスの定理の発見者は当時は偉大な人物でした。こんにちの人がこの定理を発明もしくは発見したとしても、もはや興味はありません。こんにちの人が「システィーナのマドンナ」を描いたとしたら、多分興味のあることではあるでしょう。しかし、こんにちという時代はそういうことのための時代ではもはやありません。そういうことは、私たちが立っている進化の時点において生じなければならないものではないのです。

皆さん、思考の改革、思想の社会化がこんにちどれほど必要であるかを考えて下さい。人類と共に体験すること、それがこんにち求められているのです。このことは、こんにちのたいていの人びとには、まったくの逆説のように思えるでしょう。しかし、私たちはこんにち、根本的に考えを変え、真の新しい思想に到らざるをえないところに来ています。古い思想ではもはや生き続けられません。こんにちの人間が古い思想をもち続けると、世界が逆立ちして見えてしまうのです。古い思考の呪縛から脱して真に新しい思考を求めること、それが人類の救済につながるのです。

霊学は新しい思考です。霊学は根本においてすべての古い思考習慣に反対するゆえに烈しく忌避されるのです。新しい思考の必要を感じる人たちだけが霊学一般に対して、そして社会問題のような、魂の個別領域の霊学的考察に対して、十分な感受性をもつことができるのです。

さらに、別の事柄が現代を不健全な時代にしています。無意識の中で別様に思考するようになっても、人びとはこれまでの思考習慣によってこの無意識的な思考方向を抑圧し、その結果を引き受けざるをえないのです。現在の歴史的状況は、無意識を抑圧し、数世紀来の習慣に人工的にしがみついてきた利己的本能に対する罰なのです。ですから、私たちは過去の時代から、とっつきやすい中途半端な思想家を取り上げるのではなく、首尾一貫した思想家を取り上げて、どこに間違いの原因が生じたのかを、過去に遡って学ぶべきなのです。過去の時代の特徴をよく教えてくれるのは、簡単に妥協してきた思想家ではなく、古い時代の立場を守り続けた思想家です。

ずっと以前のことですが、オーストリアの上院でさまざまの理論家や自由な進歩派たちが一堂に会し、進歩と自由について、宗教をどう改革すべきかについて、グラッドストーンから大陸の因襲的な議会人たちに到るすべての選良たちがいつも用いてきたあの決まり文句で論じ合ったとき、まったく非近代的な、けれども古さの中にしっかりと立っていたラウシャー枢機卿が次のように反論しました――「カトリック教会は進歩を問題にしていない。かつて真であったものはどんな時代にも真であるはずだ。近代がそれに反する態度をとろうとするのは間違っている」。

それは非近代的でしたが、古い時代のまったく真実な精神からの発言でした。

同様な立場からポベドノスチェフ［Konstantin Petrowitsch Pobedonosceff（1827–1907）ロシアの法律家、政治家］も天才的な仕方で近代の西洋文化全般を非難したことがありました。彼によれば、西洋の近代文化はまったく軽薄で実がない、というのです。

近代ブルジョワジーが馴れ親んできた古い秩序は、ラウシャー枢機卿やポベドノスチェフのような仕方で世界を築いてきた人たちによって維持されてきたのです。もし人びとが世界をニコライ二世［Nicolai II（1868–1918）ロシア皇帝、在位一八九四〜一九一七年］のたわ言に従うのではなく、ポベドノスチェフの硬直した原則に従って形成することができたとしたら、この大戦は当然生じなかったでしょう。ただこれに対しては、次のことだけを言わねばなりません。――しかしポベドノスチェフの思想では建設的な行動に出ることができなかったに違いない。現実は彼の考えとは別の道を辿ったのだ。

現実に従うことは大切です。しかし、それは妥協することではありません。一九世紀末から二〇世紀初頭にかけて、二〇年間にたいていの人がとったような態度をとることではないのです。それは世界大戦による破壊がこれまでの戦争の場合とは悪い意味で異なっていたことに気がつき、以前の思考とは異なった思考でこの現実に対処しようと本当に決心することなのです。この大戦の結果生じた恐ろしい不幸に直面して、これまでの歴史の中でこんなことは一度もなかった、と人びとは語っていますが、思想に対しても「こんな思想はこれまでの歴史の中にまったく存在しなかった」と言えるような思想を、この恐るべき不幸を通して、身につけるべきなのです。

皆さん、大きな決断を人類は促されています。無意識の本能からこの決断を成熟させようとすると、社会主義に行き着きます。十分な数の人間が物質生活上の社会主義を理念的唯心論に結びつけるまでは、世界は混乱から脱け出せないでしょう。こんにちのさまざまな事象は互いに関連し合っています。しかし、人びとがまず、眼の前の現実に眼を向けることができない間は、社会の歴史的進化の過程にどんな祝福も生じません。すぐ眼の前にある現実に眼を向けることが、霊学の衝動を伴った内なる魂の訓練になるべきなのです。私は何度でも繰り返して、皆さんにこの内なる魂の実習をすすめたいと思います。そして、私がこれまでの考察の中で述べようとしてきた事柄を、皆さんが私たちの時代にとって必要だ、と強く感じて下されば下さるほど、人智学的霊学が賦活しようと努めている霊統の中で、皆さんはますます建設的な働きをして下さるでしょう。私はそう信じております。

エーテル界とエーテル体

京都にて

2010年12月26日

［講演］

高橋　巖

みなさん、こんにちは。貴重な休日においで下さってありがとうございます。

実は今度の話は、六年前の二〇〇四年の一二月に、「宇宙の生命と人間の生命」(『シュタイナー生命の教育』〔角川選書〕所収)というタイトルで生命の問題を取り上げたことがありましたけれども、扱う対象があのときと同じ「生命」あるいは「エーテル」の問題なのです。でも、あのときから六年ぐらいの間に、私のなかでエーテルの問題がいっそう切実な問題になってきて、どうしてももう一回、この問題を取り上げたいという気持ちが強くなってきました。

先ほど司会の方がおっしゃったように、アストラル体とか自我の問題はわりと身近ですけれども、エーテルの問題はそれほど身近になっていないような気がします。私も今回、数ヶ月前から、エーテル体の問題をあらためてどのように話したらいいのかを考えるたびに、なにか袋小路のようなところに陥って、身動きがとれなくなって、イメージが先へ進まないで、ものすごく困った状態が続いていました。

シュタイナーの本を読んで、エーテルについてのまとまったシュタイナーのイメージをご紹介したいとは思ったのですが、シュタイナー自身のイメージもかなりさまざまで、シュタイナーという人はご承知の通り、首尾一貫した思想を提供しようとは夢にも思っていない人なのです。むしろ、そのときそのときに切実だった問題を切実に語った人なので、今シュタイナーの思想を文献を通して読むたびに、その時点のシュタイナーの切実な思いが直に伝わってくるのですけれども、概念としてシュタイナーの思想はこうだという一貫性は、シュタイナーのほうで初めから拒否しているようなところもあるような気がします。

また、この頃よくエーテル体の問題と重ねて、三島由紀夫のことを考えるのですけれども、一九七〇年からもう四〇年経っているわけですが、三島由紀夫氏の想いが私の中に未だに残っていて、その想いとシュタイナーのエーテル体に対する想いがなにかとても重なってきているのです。

今日の話もたぶん社会問題にもなると思うのですけれど、でも社会問題の本質には、やはり生命の問題があるのではないかと思うのです。言ってみれば、私たち一人ひとりのエーテル体も途方もなく大きな宇宙的存在だと思いますけれども、同時に私たちの生きている社会も巨大な生命体で、エーテルの力によって生きていると思うのです。さらに言えば、地球そのものも巨大な生命体ですから、ライアル・ワトソンやジェームズ・ラブロックのガイア思想のように、最近はそういうことをはっきり主張する自然科学者もいます。地球生命体はしばらく措くとして、そういう社会有機体のエーテル体とわれわれ個人のエーテル体の共時性の問題、もっとはっきり言ってしまえば統一性の問題、そのへんのことも今日は触れさせていただきたいと思っています。

初めに、エーテルという言葉のことにも触れておきたいのですけれども、ご承知の通り「固体、液体、気体、熱」、「地、水、火、風」に対して、五番目のエレメントとして「エーテル」ということを言ったのはアリストテレスですよね。ですから、古代ギリシアの思想を現代に生かそうとしている流れのなかで、エーテルとかエーテル体という言葉が出てくるのは当然だと思うのですけれども、シュタイナーの『神秘学概論』や『神智学』の中のエーテル体あるいはエーテル界のことをあらためて読み直してみると、アリストテレスの思想ととても共通しているのです。

よくシュタイナーはアリストテレスの生まれ変わりだみたいなことを言う人がいますが、私は生まれ変わりにはあまり興味がないのですけれど、霊統にはかなり興味があって、同じ思想、あるいは同じ感性、同じ価値観を受け継いで発展させている流れを辿ると胸がわくわくします。そういう点から言って、アリストテレスとシュタイナーは同じ霊統に属していて、特に生命に関してはとても共通しているところがあると思っています。固体、液体、気体、熱の他に、第五元素である「上方の永遠なる物体」（デ・アニマ）を、アリストテレスは、エーテル、アイテルと呼びました。またシュタイナーも、物質界と超感覚的世界との橋渡しをする働きとして、エーテルという言葉を使っています。その力が人間一人ひとりの中に組み込まれている場合はエーテル体と言います。

そういうことを言っていたら、ちょっと変なことを思い出しました。私は思い出すとすぐ忘れるので、忘れないうちに言わせていただきたいのですけれども。

昔、イスラエルへ行ったことがあるのです。きっかけはあるドイツの青年と知り合ったことです。彼、グラウへさんは、ナチスの時代のことを学校で勉強して、すごくショックを受けて、それで徒歩でイスラエルへ懺悔の旅に出て、キブツで一年働いて、その後、フィリピンの女性と知り合って、二人で日本に来たのです。

その人の縁でイスラエルへ行ったのですね。そして、どこだったかちょっと思い出せませんが、イスラエルのある所で、以前そのグラウへさんが世話になったユダヤ人と出会ったのです。それでその人と一緒に歩いていたときに、「どうもシュタイナーの思想が完全に腑に落ちないんですよ」みたいなことを言われたので、「そうですか」と返すと、「特に、ユダヤ人は独立した国をつくらないで、それぞれの国に溶け込んで、その国を内側から活発にすべきだ、とシュタイナーが言っていることが、自分たちにとっては受け容れられない…」みたいなことをおっしゃったので、また「そうですか」と。そうしたら急にこちらに向き直って、「あなたはエーテル体が見えるのですか」、と言ったのです。それでその質問にちょっとびっくりしてどぎまぎしていたら、「ごめんなさい、ごめんなさい、忘れて下さい」と言ったのですね。

そのときの感じがたった今甦って、「エーテル体」で、シュタイナーの思想に入っていけない場合があるのだ、と今あらためて思ったのです。エーテル体さえ見えないのに、神秘学など語るな、みたいなことでしょうか。

でもエーテル体というのは、アリストテレスが言うように、見えないものなのです。それはベートーヴェンが『第五交響曲』を作曲しているときの思いが見えますかと言っているようなもので、エーテル体とはものに生命を付与する働きですので、一瞬一瞬さまざまな働きかけをするわけですし、一人ひとりのエーテル体も当然違った在り方をしているので、それを感覚の問題に置き換えて、物質と同じように、見えますか、何色ですか、叩くとどんな音がしますか、みたいなことにはなり得ないのです。そういうことではなくて、人間には、物質の世界、目に見える世界と目に見えない世界を橋渡しする、ものすごい能力が備わっている、それがエーテルだ、ということをシュタイナーは言いたいのです。それが何色をしているか、というようなことを言いたいのではないのです。もっとも『神秘学概論』には「桃の花の色」みたいなことをちらっと言っているので、うっかりそういうものを読むと、エーテル体って桃色をしているのか、みたいに思ってしまいますけれど、……すみません、こういうところを堂々巡りしていると、エーテル体の問題は先へ進まないのですね。

それで「自我」について話をしてみたいと思います。自我とエーテル体の関係です。シュタイナーは意識のなかに現れている自我を「自意識」と呼んで、自我そのものと区別しています。その意識に現れた自我は、生まれてから死ぬまで、この世を生きる人間のこの世との関係のために働いています。一方、もっと根源的に、人間一人ひとりが能動的な態度をとるときの、その能動的な働きのことも「自我」と呼んでいます。つまり、植物や動物のように受け身でこの世に適応しながら生きていくのではなくて、状況に反しても自分ひとりで、他のすべてが右へ行くときにも左へ行くという、そういう働きのことを自我と呼んでいるのです。

確か以前にもお話したような気がしますけれども、本来の自我は、この世を生きるときの自意識に比べて、はるかにたちが悪い、性質が良くない、とシュタイナーは考えています。逆にこの世との関係のなかで働いている自意識は性質がいいのです。人に会ったら挨拶しますし、礼儀も心得ているし、この世を他の人と一緒に平和に楽しくやっていきたいと思っています。基本的に自意識は性質がいいのですね。つまり幸せになりたいのです。ところが夜、布団のなかに入って、自分の内面と向き合わなければいけなくなると、だんだん本来の自我の本性を現して、ネガティヴになって、自分を責めたり、過去の自分が失敗したことを思い出して、それにこだわったりするのです。だからシュタイナーは、本来の自我は、私たちのこの世の自意識よりもたちが悪い、というのです。

それで、その自我の問題なのですが、人智学において自我を論じるときには、基本的な情景があります。それは高層ビルの屋上でも断崖絶壁の上でもいいのですけれど、下のほうに奈落の底が広がっていて、その上の何も支えるものがない所に、今自分がひとりで立っているのです。一歩前へ出れば、その奈落の底に落ちてしまいます。下はおそらく石畳のような硬い所でしょうから、生きる可能性はゼロに等しい。そういう高い所の上に立って下を見下ろすと、目眩がするような恐ろしい所で、もし自分がそこから飛び出したら、もう絶対に、いくら手を差し伸ばしても摑まるところがないし、死ぬしかない。そして実際に、今そこから空中に飛び出します。誰かに押されたのかもしれませんし、自分で飛び出したのかもしれません。

この状況がシュタイナーにとって、人智学を学ぶときの原風景なのです。足場がなくなって、落ちていって、摑まるところがないどころか、感覚も閉ざされて、ものも見えないし音も聞こえない、すがるものは何もない…。そんな状態になったとき、私たちの自意識はひたすら恐怖に怯えるしかありません。もう自分の手ではどうしようもなく、ひたすら落ちていくしかないのです。

その状況は一瞬の出来事かもしれませんけれど、シュタイナーの人間観にそって考えれば、この一瞬の状況を何十年か持続させれば、それが一人ひとりの一生の状況になるのです。一瞬でしたら、あっという間に奈落の底に落ちるけれども、五〇年、六〇年、七〇年、八〇年、九〇年というふうに、その人の寿命次第で、その落下する時間の量が多いか少ないかの違いが生じるにしても、いずれにしても奈落の底に落ちて絶命するしかないのです。いくら周囲に手を差し伸ばしても、生まれてから死ぬまでのその落下の流れを止めるわけにはいかないのです。そしてシュタイナーは、そのような状況の中で生きる道を示すことが、人智学を通して語りたいことのほとんど唯一の目的だ、と言っているようなのです。

それでシュタイナーはどうしたいのかと言いますと、自分という存在の核心である霊的な本性に向かって、ひたすら帰依するという態度以外に、そこから先へ進む道はない、と言っているのです。断崖絶壁の上から下に向かって落ちる数秒間の間でも、全身全霊で自分の霊的本性に向かって帰依するという行為をとれば、われわれは先へ進める、と。だけど、もし自分という存在の中に霊的本性など認めることができなければ、帰依する意識で何かに集中するということができないまま、あれよあれよという間に下に落っこちて命を落とすことになるわけです。だからこの数秒間の、自分の霊的本性に帰依してそこに没頭できるのかできないのかという問題を、シュタイナーは人智学という思想で語っているわけです。

その意味で、人智学の究極の思想は、帰依という感情なのです。帰依とは自分の存在のすべてを何かに捧げることですが、シュタイナーは、一人ひとりがみずからをみずからの霊性に捧げるという帰依の感情を、人生の拠り所にするように、と言うのです。そしてその霊性を「エーテル体」と呼んでいるのです。だから絶体絶命の死の時に、われわれが唯一存在の根拠として保ち続けることのできるものがエーテル体なのです。

エーテル体は、固体と液体と気体と熱とから成る私たちの肉体の背後にあって、その存在に生命《いのち》を与える働きなのですけれども、これはシュタイナーの思想の根本なのですが、その生命を与える働きは、人間のエーテル体の働きのすべてではなく、人間のエーテル体には、それ以外に、余剰の部分のエーテル体が、人間の場合だけに、植物、動物と違って、存在しているのです。そして、その余剰のエーテル体は外に向かって開かれた自由な存在なのです。シュタイナーは「開かれたエーテル体」とか「自由なエーテル体」とかという言い方をしていますが、生命を営むために働いているエーテル体以外に、余剰の、開かれた、自由なエーテル体があって、この自由な、開かれたエーテル体が、この世とあの世の橋渡しをする仕事をしている、というのです。

そこで三島由紀夫のことになりますが、この問題と結びつけて考えるのはどうしてなのか、ということを先にお話しさせていただきますと、人間存在の究極の在り方をシュタイナーが帰依と呼んでいるのが、なにか私にとっては、日本の伝統思想に大きな拡がりを与えてくれるのです。

私たちが生きがいを真剣に考えたとき、自分は一生かけて奈落の底に落ちていく、というような危機感を持って自分の生きがいを求めたとき、対象は何でもいいのですが、いのちをかけて帰依するものを探すのですね。自分自身の中にそういう対象が見えてくれば、それだけですでに人智学なのですが。

さて、そうすると、日本の場合は天皇という存在がありますよね。それで三島由紀夫の世代は、子どものときから日本には天皇という神様がいて、イエス・キリストよりも優れた神様がいて、この神様に帰依することで、日本人であることの資格が与えられる、非国民でなくなる…。そんな教育を受けてくると、少なくとも帰依する感情のことは知っているのですね。実際、戦争を経験している世代は、学徒出陣という言い方をして、二十代全体の前途有望な日本の男たちは次々に戦争に送られて、突撃命令を受けると、まさに断崖絶壁から下に落っこちるように、敵陣に向かって突撃していって、命を落としたのです。女でも男でも基本的に同じ体験を繰り返し繰り返し体験させられたわけですね。そしてそのとき、少なくとも「天皇陛下、万歳！」という言葉で帰依する対象が用意されていました。

そして戦後になって、天皇が、自分は神様ではありません、人間です、という宣言をしたときに、三島由紀夫が何を感じたのかは、同じ時代を生きている人間にとっては、心の深いところで共感できるのです。ですから三島由紀夫は、「神としての天皇」と「人間としての天皇」の両方を見ていたのです。神としてのキリストと人間としてのイエスのようにです。「神としての天皇」はシンボルではないのです。シンボルというのは力がないということですから。代表マイナス権力、イコール象徴なのです。

戦後の天皇は象徴になりましたので、力はいっさい奪われました。ですから天皇は自分から、自分の人格で、何かを訴えることは許されません。要するに一〇〇パーセント無力なシンボルになったのです。

そういう「人間としての象徴天皇」と並んで、三島には「神としての天皇」が存在していました。その「神としての天皇」は、国民の一人ひとりが絶対的な窮地に追い詰められたとき、一〇〇パーセントの集中力で帰依する対象だったのです。これは私の勝手な思い込みですので、三島由紀夫さん自身に聞いたら、そうじゃないと言うかもしれませんけれど。帰依の対象である「神としての天皇」は、人びとの帰依を受けると、その帰依した人の周りを取り巻くのです。包み込むのです。これが神秘学の基本的な型です。ある人がある人に帰依すると、帰依を受けた人は帰依した人の周りを取り巻くのです。もちろん肉体で、ではなく、エーテル体で、です。

基本的に、いつでも取り巻かれるものと取り巻くものというかたちを取っているのですよね。Aさんなら Aさんという人に取り巻きがいるとします。取り巻いてくれる人がです。そうすると、Aさんは別のときには、その取り巻いてくれた人の取り巻きになるのです。このように、取り巻くものと取り巻かれるものとが、ありとあらゆるかたちで相互に働き合っているのが、開かれたエーテル体部分の在りようなのです。だからエーテル体の究極のエネルギーは、帰依するエネルギーなのです。

だから三島由紀夫は、帰依するというエーテル体の究極の働きを生きようとしたのではないかと思っています。これは理屈ではありませんから、「三島由紀夫さん、どうしてあんな、子どもでも分かるような馬鹿げたことをやらなきゃいけなかったんですか」と三島由紀夫に聞いたら、彼は「私はなぜ、とたずねられるような存在ではありません」と答えたと思うのです。この「私はなぜ、とたずねられるような存在ではない」と言ったのはニーチェのツァラトゥストラなのですが、『ツァラトゥストラはこう語った』を読むと、重要な箇所にそういう言葉が出てくるのです。つまりニーチェの思想と三島由紀夫の行動には通じるところがあるのです。自分のやったことは、なぜかと聞かれて説明できるようなことではない、というところがです。ただひたすら全身全霊で帰依しようとしている姿しか見えないのです。

そしてシュタイナーの人智学も、断崖絶壁から落下する数秒の間にできる唯一のことは、帰依することだという思想なのです。シュタイナーは自分の霊的本性に帰依することだと言っているのですが、もちろん別の人の霊的本性に帰依することもできるし、キリストに帰依することもできるし、「南無阿弥陀仏」と言うこともできるわけです。いつもそのようなかたちを、シュタイナーはエーテル体と呼んでいます。別に桃色でなくてもいいのです。この世とあの世、感覚世界と超感覚世界の橋渡しをする働きが一人ひとりの中でエーテル体になっているのですから。そしてそのエーテル体そのものは、二つの根本的に大きな働きをしています。一つは私たちの肉体を生かし続ける働きで、もう一つは開かれた自由なエーテル体として、私たちのために霊界と現界の橋渡しをしているのです。

それで、以上でお話しした流れの中で、前にもお話しした雨宮処凜さんとか、最近出会うことができた鈴木邦男さんという一水会をやっておられた方とかに、内的に、ご縁が出来たのですけれど、なにかエーテル体の問題を考えることと、そういう出会いとは――雨宮処凜さんには書物の中でしか出会っていませんが、私は実際に会っているのと会っていないのとをあまり区別しないで、出会っていると思っています――関係があるような気がしているのです。なぜなら最近、書物の中で出会っている人たちはみんな、この問題を真っ正面から問題にしている人たちだからです。一水会の鈴木邦男さんも、市民感覚から見たら損なことをするとしか思えないようなことにさえも命を懸けることで自分のエーテル体を育ててきた人なのですね。そしてエーテル体の中には死の契機が内包されているので、野村秋介さんとか三島由紀夫さんのような方は、実際に自決して命を捨てたのです。

でも、その人たちにとっては、たぶん命を捨てるか捨てないかよりも、命をかけて何かに帰依することのほうが問題だったのではないかと思っています。ですから、帰依する対象が何であるかということを周りの人にとやかく言われたくないから、「私はなぜ、と聞かれるような存在ではありません」とツァラトゥストラも言ったのだと思うのです。

でも、この問題にはすごく危ない面があって、オウム真理教にも当てはまる問題なのです。どうして患者さんに対して思いやりのある医者が、オウム真理教の幹部になって地下鉄サリン事件が起こせたのか、ということを合理的に説明しようとしても説明できません。何かに駆り立てられたその思いを共有できない限りは、オウム真理教もまったく理解できません。逆に言うと、三島さんの事件とか、オウム真理教のような犯罪事件とかは、理屈で分かったとして安心できない問題なのです。もし理屈で分かってしまうと、ああ、分かりました、三島由紀夫はこうこうしかじかの理由で、こういうことを考えて、こういうことを実行に移して死んだんですね、で済んでしまうのですが、そういう理屈で片付く問題ではないのがエーテル体の問題なのです。

そこでシュタイナーはこういうことを言っているのです。記憶力は肉体の問題だけれども、思考はエーテル体の問題なのだ、と。思考を肉体と結びつけると、そのときの思考はひたすら合理的で、論理的で、コンピュータと同じような思考になっていきます。シュタイナーが思考をエーテル体と結びつけてくれというのは、人間の思考はコンピュータと決定的に違うからなのですね。もちろんシュタイナーの時代にコンピュータは存在しませんが、機械的な思考は肉体の思考で、生命的な思考はエーテル体の思考という発想は、シュタイナーの時代には現代文明の決定的な問題になっていました。また同じように、感覚も肉体の感覚とエーテル体の感覚とがあって、エーテル体の感覚、つまりエーテル感覚で世界を見ることも神秘学の大切な課題なのです。

そして思考のエーテル化、感覚のエーテル化によって何が問題になるのかというと、「自分が変われば世界も変わる」ということなのです。前に京都へ行ったときに、京都の駅の壁面にそういう言葉が壁に書いてあったのでびっくりしたのですが、「自分が変われば世界が変わる」、この言葉が実感できるためには、肉体的な思考力ではダメだし、肉体的な感覚でもダメなのです。でもエーテル感覚とエーテル思考を働かせるようになると、本当に自分が変わると世界が変わるのですね。

今の自分にとって世界がどういう世界なのか、かつての自分が世界をどう見ていたのか、十年前の自分が見ている世界と十年後の今見ている世界がどのくらい変わったのか、という問題なのです。世界と自分との関係が遠いか近いか、ということかもしれませんし、世界が違って見えてきた、ということかもしれません。

今年は東京で毎月一回、海野弘氏の『二十世紀』（文藝春秋）の勉強会をやりましたが、一章が十年分なので全十章でした。でもそういう向き合い方をすると、九〇年代は文化的に不毛だった、六〇年代はすごかった、と評価するのですが、エーテル感覚、エーテル思考ですと、自分が九〇年代、八〇年代にどう向き合ったか、今どう向き合うのか、という能動的な見方に変わるのです。

そこでエーテル体験のひとつとして、自分の気持ちをあるところに向けたときの問題について、シュタイナーの言葉で、どこに書いてあったかは忘れましたが、忘れられない言葉があります。それはエーテル体をどう体験するかということについてなのですが、ある人と出会って、向き合って話を始めたとする、というのです。始めのうちは、初めて会った、たまたま偶然に出会った誰かなのですが、話をしているうちに、だんだん相手の中に自分にないものというか、なにか凄さが感じられてくるのです。そして、話を続けているうちに、どんどんその凄さが大きくなっていって気がついてみると、今の言葉で言えば、オーラということになるのでしょうか、微妙な光が自分の周りを取り巻いて自分を温かく包んでくれているということが実感できたとき、それはエーテル体の体験だ、と言っているのです。

これは比喩的な言い方ですので、その初めて出会った人物というのが人間であっても、書物であっても、あるいは何らかの出来事であっても、対象になり得るものなら何でもいいと思いますけれども、そのときにこちらが相手に心を向けて集中すればするほど、相手のなかから自分を包んでくれるものが引き出されてくるという感じなのです。

ですからエーテル体にはいつでも、相互関係があるようです。こちらが贈ると贈られてくる、こちらから与えると気がついたら受け取っている、という関係らしいのです。この関係が世界と自分との間に見えてくれば、当然世界が変わりますよね。でも、そのときは自分も変わっているわけです。

この関係性は何か不思議なのですけれども、その問題を考えているうちに、空間と時間の問題につながることに気がついたので、その話も以上との関連でお話しさせていただきます。

私たちは、身体感覚を通して空間感覚を発達させているのですが、時間感覚は、空間感覚ほどには発達していないような気がします。つまり、時間はいちいち時計で計っているのです。その時計も空間上の動きで時間を計っている。そういう意味でも、空間感覚のほうが基本なのではないかと考えるのですが、どうお思いでしょうか。空間遠近法というのがありますね。それは二次元の平面に三次元空間を投影するのですが、同じような仕方で時間遠近法があるかというと、時間遠近法はそもそも一人ひとり違うのではないかと思います。一五世紀のイタリア・ルネサンスで問題になったような、空気遠近法とか線遠近法とかと同じように、客観的に時間を表現するフォルムは、ないのではないでしょうか。

心で実感するしかなく、その心の実感は一人ひとり違うのです。だから空間に投影された時計の時間はあっても、時間そのものはあるようで、ありません。その点を考えると、空間感覚は身体感覚と密接な結びつきがある一方、時間感覚はエーテル感覚と結びついているような気がします。そしてエーテル感覚は基本的に、内すなわち外、なのです。自分の周りを何かが包んでいるか、何かがあって自分がその周りを包んでいるかなのです。

別の例で言うと、昨日私が何か大事なことを考えたとします。そして今日になって、昨日何を考えていただろうと思い出すとき、昨日考えたことは私を取り巻いているのです。今日考えていることが中心にあって、現在進行形で思考という作業しています。そして明日になると、今日やった作業は記憶というかたちで取り巻くのです。

もっと大きな捉え方をして、過去の記憶と現在の人生ということから言うと、記憶は私たちを取り巻いて、今いる自分にいろんな意味で力を与えてくれています。だから、もし記憶を喪失してしまったら、私たちは自分の自己同一性を確認できません。自分が何者なのか、何歳かも分かりませんし、どういうことをやってきたのか、人殺しだったのか、良き市民だったのかも分かりません。途方に暮れるしかないのです。しかし、過去の記憶が私たちの一瞬一瞬の人生を取り巻いてくれているお陰で、私たちは自分を確認しながら生きていけるのです。

そうすると、昨日考えたことが現在記憶になって私を取り巻いているというかたちで、時間感覚が内と外というかたちで体験できるような気がするのです。けれども、これもすごく曖昧な話ですが、このへんのことを最近、私にいろんなふうに教えてくれているのは、また話が飛びますが、村上春樹さんの小説なのですね。

去年の五月頃に初めて村上春樹さんと（本の中で）出会って、それから一年半ぐらいの間あれこれ読んでいるうちに、私の中では日本のヘルマン・ヘッセという思いが強くなっています。それで、最初に読んだのが『ダンス・ダンス・ダンス』だったのですけれども、その冒頭に、社会が、社会生命体が「ホテル」というかたちで表現されていました。そしてそのホテルは、冒頭にすぐ出てくるのですが、「太古から未来にかけて渡された橋だ」というのです。太古から未来への橋渡し、あるいはこの世とあの世の橋渡し、それが村上春樹さんの小説の基本的なテーマです。

ドストエフスキーも村上春樹さんと同じように「落ちていく」テーマを小説にしているのですが、ついでに言うとシュタイナーは、現代のわれわれにとっての基本的な課題は、「限りなく落ちていく実感を持つことだ」と言っていますが、ドストエフスキーは落ちていって、落ちた果ては「地獄」なのですね。村上春樹さんとヘルマン・ヘッセは、落ちていった果てに「魔法の世界」が待っている。『1Q84』ですと、月が二つ浮かんでいる世界です。高速道路の渋滞のときに、梯子が架かっている所を下に降りると魔法の世界に入るのが『1Q84』の世界ですが、この橋を架けたり、梯子を架けたりする作業、それがエーテル感覚、エーテル思考なのです。そしてシュタイナーは、エーテル文化まで考えています。

シュタイナーが考えている「エーテル文化」は、一九世紀の末に、価値が一八〇度転換した後の文化です。ニーチェの「いっさいの価値の転換」と同じ問題意識をシュタイナーは持っていました。いっさいの価値の転換が一九世紀の末に生じ、それまでの家とか国とか伝統とかの価値に一大転換が生じた。現在のわれわれは、その過渡期にあるので、ものすごく辛い時代を生きている。しかしそれと同時に、今の時代は、いっさいの伝統とか家とか約束事とかに従わないで、自由に能動的に、自分の立場で行動する道も拓けている。そうシュタイナーは述べています。

一九世紀までは、天皇とか国家とか、あるいは家族とか夫婦とか、要するに社会から与えられた秩序に従って生きることが、霊的にも正しいことだった。しかし、一九世紀の末に根本的な価値の転換が起こって、今はそれまでの社会秩序に従っていると息苦しくなってくる。だから掟を破ってでも自分らしい生き方をしようとする方向に、霊的な生き方が変わった、と言っています。

でも過渡期だから、いろいろな迷いが生じます。あるときは伝統的な方向に従ったり、あるときは突然そのいっさいから自分を解放しようと思ったり、傷ついたり、間違ったりしながら、今は新しい価値を形成する時代に来ている。それがシュタイナーの基本的な時代に対する考え方なのです。

実際、二一世紀の現在、道徳はまったく混沌としています。営利主義以上に説得力のある道徳は見出せませんし、右と左の差も曖昧になっています。生産性は限りなく向上していく一方で、働き口は限りなく狭くなっています。雨宮処凛さんや鈴木邦男さんの生き方を見ても、最初は新右翼のグループの中で自分を磨いて、今は労働者の派遣問題と取り組んだり、社会活動をやったり、ひとりの人間の中でも、ラディカルな価値の逆転が今起こっているようです。

それでシュタイナーは、その価値の逆転が起こっている今の時代の基本的な心得のようなことをいろんなところで語っているのですが、それもエーテル文化の心得みたいな意味で考えてみると、まず心得の第一条というのは、「他人《ひと》の語っていることを自分の語っていることとして聴く、自分が語るときは他人が語っているように語る」という態度です。第二条は、「認識を深めれば深めるほど、人の下に立とうとする」。上に立とうとしないで下に立とうとする。下に立とうとするときは、上に立つ人がいるわけですが、本来は横につながろうとする、という意味です。まったく上下の関係なしに、ひたすら横につながっていこうとするのです。

鈴木邦男さんに教えてもらったのですが、三島由紀夫が「楯の会」という会をつくりましたよね。タテという言葉の字が違いますけれども、三島由紀夫の恋人だった松田妙子さんという方が、後で「ヨコの会」というのをつくったのだそうです。この発想は基本的にエーテル的な発想ですよね。現代のつながりは横のつながり、上下のつながりは過去の一九世紀までの伝統的なつながりです。それが心得の第二条です。

それで心得の三番目は、語ることは聴くこと、取り巻くことは取り巻かれること、包むことは包まれること、贈ることは贈られること、分かってもらいたいときは分かってあげること、という融合の立場です。シュタイナーはこの三つの原則が、二〇世紀からのエーテル文化の基本にならなければいけないと考えていたのです。

シュタイナーはさらにすごいことを言っていて、どんな嫌いな人でも、どんなに軽蔑すべきだと思っている人でも、真剣にその人の中に入っていこうとしないと、そもそもエーテル的な感覚は育たない、と言っています。この世と縁をつけようと思ったら、この世のいい部分だけと縁をつけようと思いたがりますけれども、そうするとすぐに上下の関係になってしまう。そうではなく「自分が変わればこの世が変わる」という方向では、この世と自分との関係は、自分が理解できないものを否定したり軽蔑したりするのではなく、理解できなければ理解できないほど知りたいと思う方向になるのです。浪花節をちょっと聴いただけでゾッとするという人がいたら、そうであればあるほど、浪花節にひたすら耳を傾けるという態度を取るのです。ジャズはどうしても性に合わないと思ったら、ひたすらジャズに耳を傾けて受け容れようとする、それがエーテル文化だというのです。だから、あらかじめ自分のなかに判断力があると思わない。自分の中に判断力があると思った瞬間に、一九世紀以前の立場に立ってしまい、上からの目線になります。だから判断力は、その瞬間瞬間に自分の中に現れるものでなければなりません。既成の判断力では、横の関係が成り立たないのです。

これはもちろん、今現実に可能か可能でないかの問題ではなくて、シュタイナーが言っている理想です、未来の課題です。ですから勿論、私たちがそうできるかできないかということを問いかけているのではないのです。エーテル体を考えるときに、あなたはエーテル体が見えるのですか見えないのですか、という問題ではないのと同じように、嫌いなものを好きになれ、などということは、すぐにできることではありません。私の場合、穴子のお寿司はあまり食べたくないものなのですが、エーテル文化のためだから、ひたすらそれを味わいながら穴子を好きになろうなんて思いません。だから今言っているのは、文化としての課題です。課題でないと取り組もうとしませんよね。今すぐできることというのは、そもそも課題にはなりません。スケートのジャンプをする人が、四回転できないから四回転なんかありえないと否定するのではなくて、いつか四回転するという方向に向かって努力して、やっと今は二回転が限度だ、というところに立っているように、シュタイナーのいうエーテル文化は、一九世紀末に始まったばかりですので、横の関係がすぐに実現するわけではないのです。

ですから当然、海老蔵さんのような人はいくらでもいるわけですね。でもその海老蔵さんに対して、傍らで文句をつけるのはまったく意味がないのです。やっぱりハラハラしながら見るしかないのです。テレビでなんて嫌な奴だと思いながら見ていても、です。ハラハラしながら見守るしかないのがエーテル文化で、それを朝青龍に対するときみたいに、国中が証券取引というバクチをやっているのに、品格がないとか、野球トバクに暴力団が絡んでるとか、そういうことでしつこくバッシングを続けて、社会的に葬るというのは、一九世紀以前の感覚ですよね。テレビを見ていて、私たちがバッシングを当然だと思ってしまうと、エーテル体がぜんぜん働かなくなり、エーテル体が働かなくなると、そもそも人智学で言っている課題の意味も見えなくなってしまうと思うのです。

まだいろいろ言いたいことがあるのですけれども、今一時間半経ちましたので、その後、皆さんのご意見や感想を出していただいて、話し合えればと思います。どうもご清聴ありがとうございました。

付　録

ヨハン・ヴァレンティン・アンドレーエ著
『クリスティアン・ローゼンクロイツの化学の結婚　1459年』

Johann Valentin Andreae

Die Chymische Hochzeit des Christian Rosenkreuz Anno 1459

ヨハン・ヴァレンティン・アンドレーエ著『クリスティアン・ローゼンクロイツの化学の結婚1459年』(初版の扉)

クリスティアン・ローゼンクロイツ

第一日

復活祭前夜のことである。私は机に向かい、いつものように心を低くして造物主なる神に祈りを捧げながら、壮麗な光の下に父なる神が顕わし給うた大いなる神秘のかずかずを想い、過越しの子羊のためにも、心の中で種入らぬ清きパンをととのえようとしていたとき、突然一陣の風が吹き起こり、まるでそれが山となって我が家を呑み込み、力あまって砕け散ったかと思われた。しかし、これまでかずかずの苦悩を私に与えた悪魔のこうした所業も、私の心を脅かしはしなかった。

気をしっかりと保ちながら、瞑想に没頭していると、思いがけず誰かが私の肩をいきなりそっとさわるではないか。私はぞっとして、ふりかえることもできなかった。けれども一方では人間の弱さがこうした場合に生じさせる歓びの気持ちも抑えることができなかった。二度、三度とはげしく上衣を引っぱられたので、とうとう私はふり向いた。するとどうだろう。すばらしく美しい女《ひと》がそこにいるではないか。彼女の青一色の衣服には夜空のように金の星が一面に散りばめられていた。右の手は黄金色に輝く大きなラッパを持っていた。そして、そこにはある名前が彫り込まれていた。その名を読み取ることはできたのだが、それを漏らすことは許されていない。左の手は大きな手紙の束を持っていた。それらの手紙はいろいろな言葉で書かれていて、（後でわかったことだが）彼女はそれを世界中に配らねばならなかった。

彼女には大きくて美しい翼があった。その翼のいたるところにはびっしりと眼玉がついていた。この翼を羽ばたかせると、彼女は荒鷲よりももっと速く飛翔することができた。彼女がもう少し私の傍にいてくれたなら、そして私が恐れおののくあまり、手足を硬直させていなかったなら、きっと彼女のことがもっとよくわかっただろうと思う。けれども、私はこれでよしとしておかなければならない。私がふりむくと、彼女は手にもった手紙の束をあちこちめくっていたが、やっとその中から小さな書状を取りだし、深く腰をかがめてそれをテーブルの上に置き、ひとことも言わずに去っていった。彼女が羽ばたきして空へ舞い上がり、朗々と美しいラッパを吹奏したとき、山の全体がそれに反響したので、私は四半時《はんとき》あまり、ほとんど何も聞こえなかった。

こういうまったく思いがけない出会いに遭遇して、哀れな私はまったくどうしていいかわからなくなってしまった。だから思わずひざまずいて、神に加護を祈り、恐れおののきながら、手紙を手に取ろうとしたが、それはひどく重たかった。たとえ純金でできていたとしても、それ以上に重くはなかったであろう。よく見ると、小さな封印が押してあった。そして、そのうえに目立たぬ十字印と、In hoc signo ✝ vinces（この十字印の下で汝は勝利するであろう）という銘文が記されてあった。この記《しる》しを認めた私は、すっかり心が慰められた。私はこの印章が悪魔の嫌いなものであり、決して手にしようとはしないものであることをよく知っていた。だから丁寧にこの小さな書状の封を開けた。そこには紺地に金文字で次のような詩句が記されていた。

今日のこの日こそが
王様の晴れの日。
お前がそのために生まれたのなら、

神に選ばれてこの喜びに加わるのなら、
山頂まで昇るがよい。
そこに立ち並ぶ三つの神殿で、
奇跡に出会うがよい。

眠ってはならない。
身を清浄に保つがよい。
何度も入浴しなければ、
結婚式はお前の禍いにしかなるまい。
幸福を勇敢に摑まえるがよい。
そうしなければ、
軽薄な奴として追い出される。

この詩句の下に「花婿と花嫁」とあった。

この手紙を読んだ私は、ほとんど我を忘れた。髪は逆立ち、全身からは冷たい汗が流れた。なぜなら、これこそは七年前、ヴィジョンの中ではっきり告げられたあの結婚式のことなのだ、とわかったからである。私は長いことその時の来るのを待ち望んでいた。私は天体運行表をもとにして、その時がいつ来るのか計算してみた。けれども、こんなに厳しい危険な条件が課せられるとは夢にも思わなかった。ただ好ましい客として招かれ、結婚式に参加すればいいのだろう、と思っていた。

ところがどうして、思ってもみなかった神の恩寵のことを考えよ、と求められたのである。だから自分のことを吟味し反省すればするほど、私の頭の中には隠された事柄についてはまったく無知蒙昧であると思わざるをえなかった。実際、今立っているこの地面に何があるのか、日常私が関わっているものが何ものなのかさえ理解できずにいる私が、自然を探究し認識するために生まれてきたなどとはとても思えなかった。私の考えでは、自然は私よりももっと有能な弟子をきっと見つけることができるだろう。そしてたとえ時間的な制約を受けた、無常なものであったとしても、非常に価値のある財宝をその人に委ねることだろう。私はまた、自分の肉体が、私の恵まれた社会生活や隣人に対する同胞愛によくあらわれているように、あまり浄化も純化もされていないと思わざるをえなかった。

同じように私は自分が無常な世界に隷属していることを知っていた。そして世間から尊敬されたいと思い、贅沢を好んではいても、隣人の幸せを本当に望んではいない。どうすれば身につけた技術で出世できるか、豪邸を手に入れられるか、永遠の名声を博すことができるかなどなど、愚かしい考えばかり心に抱いている。けれどもおかしなことに、三つの神殿についての曖昧な言葉が私の心を乱した。私はいろいろと考えてみたが、その言葉の意味をどうしても解くことができなかった。もしもこのことが恩寵によって開示されなかったら、今でもまだその意味がわからなかったであろう。

私はこのように恐怖と希望の中を漂い、自分のことをあれこれと考え、結局自分の弱さと無能を思い知らされた。そしてどうしたらいいかわからぬままに、先程述べた委託によって私の心はひどく動揺していた。とうとう私はいつものように、一番確かな手段に訴えることにした。私は真剣になって心から神に祈った。そしてそのあとでベッドに入り、善なる天使が現れて、これまで通り、私の困惑を救ってくれるのを願った。そして今度もこの願いが実現したのである。それは神への賛美となり、私への最上の贈りものとなり、そして隣人への心からなる激励となった。

実際、私は眠るや否や、数知れない人びとと一緒に真っ暗な塔の中にいた。みんな鎖につながれていた。あたりにはどこにも明かりがなかった。私たちはまるで蜜蜂のように互いに重なり合ってうごめいていた。だから苦しさはますますひどくなった。誰もお互いの姿を見ることができなかったけれども、繰り返して、少しでも誰かの鎖や枷《かせ》が楽になると、上に出ようとしてもがく音が聞こえた。けれども私たちの中の誰がそのことを咎められたであろう。実際、私たちときたら、まったくどうしようもない連中だった。

このひどい状態がかなりの間続き、眼の見えぬ、囚われの身を互いに罵り合っていると、やっとのことでたくさんのラッパが吹き鳴り、軍太鼓が響きわたったので、受苦の中でうごめいている私たちをも喜ばせ、活気づけた。その響きの消えぬうちに、塔の上の屋根が持ち上げられ、私たちのところにも少し光がさしてきた。のたうちまわる互いの姿が眼に入った。みんな大騒ぎしていた。あまりに上に登った者はすぐにみんなの足の下に転げ落ちた。みんな、一番上にいようとする。私自身もじっとしてはいなかった。重い枷をはめられながら、下から這い出て、摑んだ石にすがって、何度も他の人に邪魔されながら、上に登った。私は手と足でできる限り身をふせいだ。私たちはみんなが自由の身になったのだと思ったが、実際はそうではなかったようだ。なぜなら、上から隙間ごしに眺めていた人たちが泣いたり騒いだりしている私たちの姿を眺めてひとしきり楽しんだあとで、白髪の老人が「静かにするように」と私たちに警告した。やっと騒ぎが収まると、まだ憶えている限りでは、彼は次のような言葉を語り始めた。

お前の生き方がそれほど不遜でなかったなら、
あわれな人間よ、
公正なわが母は
どれほど多くをお前に授けたことか。
しかしお前がそれを望まぬゆえに、
お前は不安から抜け出せない。

だからお前は囚われの身だ。
けれどもわが母はお前の不幸をそのままにしないで、
天上の光でお前を慰める。
希望をもってのぞめ。
わが母の力を信じよ。

めったにない今日の祭りが
恩寵をお前たちに授ける。
力強く飛翔しようとすれば
救いは誰をも拒まない。
敬虔な手でわれらが送る

救いの錨《いかり》にしがみつけ！

彼がこの言葉を語り終えるや否や、老女は索《なわ》を七度、塔の中へ垂らして、それにつかまった者を引き上げるように、家来たちに命じた。すると何としたことか。そのときの私たちの引き起こした騒ぎについては、とても述べられたものではない。みんながその索にすがろうとして、互いに相手の邪魔をしあった。しかし、五分後に鐘が鳴ると、それを合図に、家来たちは四人がつかまった索を引き上げた。私はその索に触ることなどまったくできなかった。さっき述べたが、私はくやしいことに、塔の壁ぎわの石の上に乗っていたのである。真ん中に垂らされた索のところへは行きようがなかった。

二度目の索が降ろされたが、みんなを捕えている鎖の重さに較べて、みんなの手は弱すぎたので、索にしっかりとしがみ続けることができない。それどころか、必死にしがみ続けていた人たちに摑みかかり、一緒に落ちてしまった。何人もが自分では上れない誰かに引きづり下ろされた。哀れなことに、みんなでこんなふうにいがみあったのだ。しかし一番辛かったのは、からだがあまりに重たすぎて、しっかりと索を摑んだ手が、からだからちぎれ取られた人を見たときだった。

こうして五度の間にも、ごくわずかしか引き上げられなかった。合図が出されると、すぐに家来たちはすばやく索を引き上げるので、たいていの人はまたころげ落ちてしまう。五度目のときなど、索だけが引き上げられた。だからみんな救いをあきらめてしまった。私もまたそのひとりだった。みんな神に訴え、私たちを哀れんで、できたらこの奈落の闇から救い出して下さい、と祈った。

その甲斐あってか、また数人が救われた。索が六度目に下ろされたときは、二、三人がしっかりと索にしがみつけたのだ。その索が引き上げられたとき、大きく揺れたので、神慮のたまものか、索がすぐ傍に来た。私は夢中になってそれにつかまり、他の人たちの一番上に位置して、やっと思いがけなく脱出できた。私は有頂天になって、尖った石で頭に傷を受けたことにも気づかずに、何人かの救われた人たちと一緒に、最後の七度目の索を引き上げる手伝いをした。やっと最後の手伝いの最中に、血が自分の衣服一面に流れ落ちているのに気がついた。
一番大勢がしがみついた最後の索も引き上げられると、老女は索を片づけ、彼女の（私を少なからず驚かせた）よぼよぼの老息子に命じて、他の囚人たちに次のような布告を出させた。

愛する子らよ。
私の母の大恩が
迷えるお前たちに示された
その選択が今終った。
他人《ひと》の幸運を妬《ねた》んではならない。
喜びの時がお前たちを待っている。
その時にはだれもが平等だ。
だれもが貧しくもなく豊かでもない。
隷属の日々を過ごした者は
その分多くの願いが許され、
忠実な心を保つ者は、
大いなる恩恵を得る。

だからあまり嘆くのはやめよ。
なお数日を耐え忍べ。

彼がこの言葉を語り終えるや否や、屋根がふたたび閉ざされ、ラッパと太鼓の響きが鳴りわたった。その音はとても大きかったが、それでも塔の中に湧き立つ囚人たちの悲しみの叫びを打ち消すことはできなかった。この声を聞いて、私は涙を流さざるをえなかった。そのとき老女とその息子は用意された椅子に腰を下ろして、救われた者が何人いるか数えさせた。

老女は聞いた数を黄金の板に記し、救われた一人ひとりの名をたずね、それをある少年に書き留めさせた。彼女が私たち一人ひとりを眺め、ため息をして、息子に語った――「ああ、塔の中のかわいそうな人間たちよ。神が許して下されば、みんな救ってあげたのに」。息子は答えた――「母上様、神様がお決めになったのです。逆らうわけにはいきません。私たちがみんな神になって、食卓についていたら、だれが食事を運んでくれましょう」。そう言われて、老女は黙ってしまったが、やがて口をひらいた――「それではここにいる者たちの枷をはずしてやりましょう」。すぐにそれは実行されたが、私はほとんど一番あとになった。私はずっと他の人の後に立っていたが、もはやじっとしていることができなくなり、老女の前に身をかがめて、父のように恵み深く、彼女を通してあの暗闇の中から光の下につれ戻してくれた神に感謝した。他の者たちもそれにならった。そして老女もまた腰をかがめた。

最後に黄金の記念貨幣がめいめいに渡された。その一面に旭日が、他の面には、私の憶えているところでは、D. L. S. (Deus Lux Solis　神は日の光、または Deo Laus Semper　神は変わらざる称讃)の三文字が刻まれていた。

それからめいめい自分の仕事に戻るように暇が与えられたが、神を讃えるために隣人に仕え、私たちに許された事柄については沈黙を守るようにと釘を刺された。私たちは互いにその約束を守ろうと誓い合い、そして別れた。

私は枷によってできた傷がなかなか治らず、両足共にまともな歩行ができなかった。老女はこの様子を見て、笑いながら私を呼び戻してこう告げた――「息子よ、その傷を嘆いてはいけない。おまえの弱さを思い出して、まだ不完全な状態でこの世にいるうちに、大いなる光を得たことを神に感謝しなさい。そして私のためにこの傷を取っておきなさい」。

するとふたたびラッパが鳴り響き、私はその音響で目を覚ました。やっとそれが夢だったことに気づいた。しかし、この夢は深い印象を与え、ずっとそのことを思い続けた。いつまでも足に傷がついているような気がした。

私はこれらすべてのことから、人の目につかぬ、秘めやかな結婚式に参列するよう、神が私に命じ給うたのだ、と知った。それゆえ私は子どものような信頼の心で神の栄光に感謝し、神がこれからも私をあのような恐怖の中に置き、日夜私の心を叡智と理解力に充たし、そして遂には私を望んだ目標に、自力によらず、恩寵によって導いて下さいますように、と神に祈った。

それから旅支度をすませ、白い亜麻の上衣をまとい、腰に巻いた真っ赤な帯で、さらに肩に十字のたすきをかけた。帽子には深紅のバラを四つ着けて、大勢の中にいても私だとすぐわかるようにした。食糧にはパンと塩と水を選んだ。ある識者のすすめに従ったのだが、それがあとでとても役に立った。

もう一度家を出る前に、こういういでたちで礼服をまとったまま、何が起ころうとも、良い結果にお導き下さい、と神に祈った。そして神の御前で神が恩寵として与え給うすべてを、この世の名誉や名声のためではなく、神の栄光と隣人とのために用います、と誓った。この誓いと共に、良き希望をもって、私は心を踊らせながら家をあとにした。

第二日

家を出て、森の中へ入ると、天も地も、眼に映じるものがすべて、この結婚式のために装いを新たにしているようだった。鳥たちもいつも以上に美しい声で囀っていたし、若い牝鹿もうれしそうにとびはねて、老いた私の心をはずませてくれた。私は思わず歓びの気持ちを次のような歌詞に込めて歌った。

小鳥よ、造物主を讃えることが
それほどうれしいのか。
お前の澄み通った歌声が、
お前を変わることなく養い育て
大いなる楽しみを与え給う
天なる主の御許にまで響いていく。

周囲を眺めて、そのすばらしさを
存分に味わうがよい。

思い上がりや気どりで
お前の幸福をだいなしにしてはなるまい。
お前の姿が小さいのは、
主の大いなる神慮のたまものだ。

神に対して権利を主張すること、
それがあわれに地上を這い廻る
私の為すべきことではない。
主は善人にも悪人にも分けへだてなく
太陽と稲妻と嵐を送る。
だからうぬぼれないで、
黙して心に慰めを感じればよい。

おお人間よ、まやかしに気をとられず、
真心で生きなければならない。
そうすれば、どんな辱《はずかし》めを受けても、
心に傷を受けないだろう。
万物に通じておられる神には
お前の心などは奥底までお見通しだ。

この歌を心を込めて高らかに歌うと、その歌声が森の隅々に響き、終わりの言葉が山々からこだまとなって返ってきた。やがて美しい荒野が見え、森を抜けた。荒野には三本の見事な杉が聳えていた。横に延びた枝は涼しげに日陰をつくっている。私はうれしくなった。というのは、まだそんなに遠くまで来たわけではないのに、激しい憧れにすっかり疲れ果てた私には、それがとてもうれしかった。その木陰でしばらく休もうと、急いで近寄って見ると、一本の木の幹に小さな札がかかっていた。そしてきれいな書体で、次のような言葉が記されていた。

お客様、ようこそいらっしゃいました。王様の結婚式の知らせを受けたお方は、これから述べますことをよく心に留めて下さい。

花婿があなたに選んでいただきたいと望んでいる道は四つあります。どの道をとっても、お城に達します。けれども道に迷ってはなりません。第一の道は短いけれど、とても危険な道です。岩だらけで、いつ大怪我をするか、知れません。第二の道は長い廻り道ですが、必ずお城に辿りつけます。平らな楽な道なのですが、コンパスの助けをかりて、右や左へそれないように注意しなければなりません。第三の道は本当に王道といえる道です。この道を辿れば、あなたの心は王様にふさわしいようないろいろな楽しみや眺めを味わうでしょう。しかし、今日まで数千の人たちのうち誰ひとりとしてこの道を歩き通すことはできませんでした。この世の人間には、第四の道を辿って目標に達する力がありません。この道は力を奪いとります。不滅な力を具えたからだだけに見合った道なのです。

だから三つの道のうちのどれかを選んで下さい。そして、その道をひたすら辿って下さい。あなたの選んだ道は必然の運命が定めた道だと悟って下さい。どんな生命の危険に遭遇しても、一歩でも退くことは許されません。

以上があなたに伝えたかったことです。この最初の警告を無視したら、どんな恐ろしい危険が待ち受けて、あなたを苦しめるかわかりません。自分が私たちの王様の掟に少しでも違反しそうだと思うお方は、時間のあるうちに、今来た道を戻って家にお帰り下さい。

この札を読んで、それまで上機嫌で歌っていた気分は吹き飛んでしまった。私は烈しく泣きだした。眼の前には四つの道があった。どの道を選んでもいいとは承知していた。けれども岩だらけの道に入って、哀れな死にざまをさらすのはいやだ。そうかといって第二の長い道を辿れば、迷ったあげくに、旅の途中でどうにかなってしまうかもしれない。また自分が数千人の中から選ばれたただひとりだけ、王道を選べるとも思えない。第四の小道も眼の前に見えたが、その道は焔と蒸気に包まれていた。そこへは近づく気にもなれない。

そういうわけで、私はあれこれ思案を重ね、戻るべきかそれともどれかの道を選ぶべきか、考え続けた。私がふさわしくない人間であることはよく分かっていた。しかし、あの塔から救い出された夢が、私を支え続けた。とはいえ、その夢をそのまま信じるわけにもいかなかった。

こうして長いこと思案し続けたので、疲れてしまった。そのうえ急におなかがすいてきた。それで携行袋からパンを取り出し、ナイフで切り取っていると、いつのまにか木の枝にとまっていた雪のように純白な一羽の鳩がごく自然に舞い降りてきて、親しげに私に近づいてきた。私がパンを分けてやると、それをうれしそうに取って、ついばみ始めた。けれどもそのとき、真っ黒な鳥が空から鳩のところへ下降し、鳩を殺そうとした。鳩は難を避けようと逃げ廻った。こうして白い鳩と黒い鳥は互いに南の方へ飛んでいった。私はその様子を見て、怒りと不安に我を忘れ、よこしまな鳥を追いかけて、思わず知らずほとんど一キロあまり先まで四つの道のひとつに踏み込んでしまった。私は鳥を追い払い、鳩を救った。

しかし私は、自分が無思慮な行動をしてしまったことにすぐ気づいた。とはいえ、すでに道に踏み込んだ以上は、罰せられずに道を引き返すことはできない。それはまだいいとしても、私を一番困らせたのは、パンの入った携行袋を木の傍に置いてきてしまったことだった。もう取りに戻ることは許されない。実際、戻ろうとすると、その度に烈しい風が吹いてきて、ほとんど吹き倒されそうになる。それなのに道を先へ歩む限りは、ほとんど風らしい風を感じないのである。はっきり分かったのは、私が敢えて風に逆らい続けると、生命に関わることになる、ということだった。だから忍耐強く自分の運命を引き受けて、頑張って夜になる前に目標の地に達するしかないのだ。できるだけのことをしよう、と私は決心した。

見廻すと、いろいろな脇道があったがコンパスのおかげで、そういう道に迷い込まずに済んだ。私は子午線から一歩もはずれないようにした。しかし、道は時折ひどくでこぼこになった。そのうえ、ひどく荒れてもいたので、私が正しい道を辿っているのかどうか分からなくなった。歩きながら、私はずっと鳩と鳥のことを考え続けた。けれども秘密を解くことはできなかった。

やっとのことで、高い山の上に壮麗な門が聳え立っているのが遠くからでも見えるところにまで来た。私はその門を目指して足をはやめた。しかし、まだまだ道は遠かった。太陽はすでに山の端にかくれた。

門に到るまでは、どこにも泊まる所が見つからなかった。これは神様の御加護のたまものだったのだ。神はこの道を歩み続ける私の眼を見えなくさせ、門を見過ごさせることもできたであろう。けれども急いで山を登っていくと、まだ暗くなる前に山頂に達し、かろうじて門の姿を認めることができたのである。

それはすばらしく美しい王門だった。そこには数多くの見事な彫像や図形が刻まれ、あとで分かったことだが、そのどれもが特別の意味を持っていた。一番上のところには、かなり大きな額がはめこまれ、その中に「呼ばれざる者よ、ここより立ち去れ！」と記されていた。別の言葉も記されていたのだが、それをここに記すことは厳しく禁じられている。

私が門の背後に立ったとき、すぐに紺青色の服を着た番人が現れた。私が丁寧に挨拶すると、彼は礼を返し、すぐに推薦状を求めた。ありがたいことに、私は推薦状を持参していた。私はそれを持ってくるのを忘れたかもしれなかった。番人が言うには、ほかにも忘れて来た人たちがいたらしい。私が急いで推薦文を差し出すと、彼はそれに満足しただけでなく、驚いたことには、私に非常な敬意を表して、こう語った――「兄弟よ、どうぞお通り下さい。心から歓迎いたします」。そう言ってから私の名前を尋ねた。私は自分が赤い薔薇十字兄弟会員である、と名乗ると、彼はびっくりしたり、喜んだりした。それから「兄弟よ、バッジの交換をしないか」、と言う。私がそういうものは何も持っていないが、もし他のものでもいいというのなら、何でも差し上げよう、と答えると、彼は水の入った小ビンをほしがった。私がそれを渡すと、彼は代りに金貨を一枚くれた。金貨には二つの文字S．C.とだけ記されていたが、これはSanktitate Constantia, Sponsus Charus, Spes Charitas（敬虔であり続けること、愛された花婿、希望と愛）の意味である。

私がこの言葉を忘れなければ、それは幸福をもたらしてくれるであろう、と彼は諭《さと》してくれた。次いで私は、私の前にどれくらいの人が中に入ったのか、と尋ね、答えてもらった。最後に彼は好意と友情のしるしとして、第二の番人宛に封印した手紙を書いてくれた。彼のところで思ったよりも長い時間過ごしてしまったので、すっかり暗くなってしまった。

いつのまにか門の上で樹脂の入った大鍋に火が点じられた。これは道を歩いている人が迷わずに来られるためである。そこから城へ通じる道の両側は高い壁が続いている。そして実をつけたいろいろな果樹が並んで植えられている。その他にも、両側の並木の三本目の木には角灯《ランタン》がつけられており、同様に青い服をまとった美しい少女が、手にした松明《たいまつ》でその一つひとつに火を点じていた。それはすばらしい眺めだった。なかなか立ち去り難い気持ちだったが、私は第一の番人から十分に話を訊いていたので、やっと別れを告げた。

途中、手紙の中に何が書いてあるのか、知りたくてたまらなかった。しかし、あの番人が不親切であるとはとても思えなかったので、私は自分の好奇心を抑えて、第二の門に着くまで、ひたすら道を歩み続けた。

第二の門の構えは第一の門と瓜二つといってよかったが、別の図像が刻まれていた。それはまったく不可思議な装飾だった。取りつけられた額には、Date et dabitur vobis!（祈れ、さらば与えられん！）と記されていた。この門の下で、鎖につながれた獰猛な獅子が横になっていた。その獅子は私を見ると、ぱっと身を起こし、大きな吠え声を上げて、私に向かってきた。その声で第二の番人が目をさました。番人は大理石の上に身を横たえていたが、私にこわがらなくてもいい、と言った。そして獅子を後ろへ追いやり、私がふるえる手でさし出した彼宛の手紙を受けとって、読み、そして大きなおじぎをして言った――「ようこそ。ずっと前からお目にかかりたいと思っていましたよ」。そう言いながら、彼もまた金貨を取り出して、何かと交換できるか、と訊いてきた。しかし、私が持っていたのは塩だけだった。それを差し出すと、彼はそれを感謝を込めて受け取ってくれた。彼の金貨にもS. M.という二文字しか記されていなかった。S. M.とはStudio Merentis, Sal humor, Sponso mittendus, Sal mineralis, Sal menstrualis（研究にいそしむ者に、体液の塩、花婿の証《あか》し、無機塩、浄化の塩）の意である。

この番人とも話し合おうとしたが、城で鐘が鳴り始めた。番人は私に急ぐように、間に合わなければ今までの努力がすべて無駄になる、と言った。実際、上では光が消え始めていた。私は急に不安になった。番人に別れの挨拶をするのも忘れるくらいにあわてた。時間はぎりぎりだった。私はあまり速く走ることができなかったので、すべての灯火を消して廻った少女は私を招き入れる余裕がなかった。もし彼女が手にした松明を私のために掲げ続けてくれなかったら、道を見つけることができなかったであろう。私は夢中で走っていき、やっとのことで彼女のうしろから門内へ入り込むことができた。

第三の門の扉はあっというまに閉ざされたので、そのとき私の上着の裾が扉にはさまれてしまった。私は仕方なく上着を脱ぎ捨てなければならなかった。私も、まだ扉の前で叫んでいる人たちも、門番にもう一度扉を開かせることはできなかった。門番は扉の鍵を少女に渡してしまった、と言った。少女はその鍵をもってすでに中庭のほうへ行ってしまったのである。

その間に私はもう一度ふり返って門を眺めた。この門はすばらしい姿をしており、世界広しといえども、それに較べられるものなどどこにもありはしない。扉の横に二本の円柱が立っていた。そのひとつの上に陽気な像が立っており、そこにCongratulor（おめでとう！）と記されてあった。もう一方は顔にヴェールがかけられ、悲しそうな様子をしており、その下にCondoleo（ご愁傷さま！）と記されてあった。この曖昧な、不可思議な言葉の本当の意味は、この世のもっとも頭のいい人でも読み解くことができないだろう。

この門のところで、私はもう一度名前を名乗らなければならなかった。私の名前は羊皮紙の小冊子に記された最後の名前だった。この小冊子はあとで高貴な花婿のところに届けられる。それからやっと私は来賓用の記章を受け取った。この記章は他の人たちの記章よりも少し小さかったが、ずっと重たく、表面にはS. P. N. (Salus per Naturam, Sponsi Praesentandi Nuptiis, 自然による救済、結婚式における花婿の客）と記されていた。

私は真新しい靴も受け取った。実際、城内の床にはすべて明るい大理石がはめこまれていて、古靴では似合わなかった。私が履いて来た靴は、門の下で行儀よく待っている乞食のひとりにあげてもいいと言われたので、ある老いた乞食にそれを渡した。それから二人の少年が松明を手にして私をとても小さな部屋に案内してくれた。その部屋に入ると、私はベンチに座るように言われた。言われた通りにすると、二人の少年は松明を床にある二つの穴に差し込んで、出て行ってしまった。私はひとりで座り続けた。しばらくすると、物音がきこえてきた。けれども何も見えなかった。

突然、何人かの男が私の上に襲いかかってきた。けれども何も見えなかったので、なされるがままにすることにして、何が起こるのか待つよりほかなかった。やがて理髪師たちだということが分かった。それで彼らにそんなにしっかり摑まなくても大丈夫だ、望む通りにするから、と頼んだ。そう言われて、彼らは私を自由にしてくれた。眼に見えないひとりが頭の周りの髪をきれいに刈り上げた。しかし額と耳と眼のところの長い白髪は残しておいた。白状すると、最初の瞬間に私はすっかり弱気になった。なぜなら彼らは私を強くつかまえたし、私は何も見えなかったのだから。神様が私の好奇心の強さに愛想をつかしてしまわれたのだと信じないわけにはいかなかった。この眼に見えぬ理髪師たちは、散髪した髪を丹念に拾い集めて、去っていった。すると二人の少年がまた現れて、怖がっていた私のことで大笑いした。

二人の少年と二言《ふたこと》三言《みこと》話すうちに、また小さな鐘が鳴り響いた。彼らは、集まりを知らせる合図だ、一緒にいらっしゃい、と言って、明かりを持って先頭に立った。廊下や扉をいくつも通り抜け、螺旋階段を登ったり降りたりして、やっと大きな広間に出た。客は大勢で、皇帝、国王、王侯貴族、庶民、金持ちと貧乏人、それどころか、ならず者までがそこに来ていた。だから私はびっくりして、こう思った。「我ながらなんと馬鹿なことをしたものか。こんなに苦労して旅を続けてきたのに、やっと出会った人というのがありふれた平凡な人間たちばかりだ。みんなは当然のようにここにいるが、自分はさんざん苦労した末に、やっとここまで辿りついたのだ」。こういう思いを抱いたのは、きっと私がこれまでできる限り遠ざけてきた悪魔の働きを受けたからに違いない。

すぐに知り合いが次々に話しかけてきた。

「ローゼンクロイツ兄弟、来ていたんですね」

「そうです。神さまの御加護で来ることができました」

それを聞いて、皆がどっと笑った。こんなあたり前な集まりのために、神さまを引き合いに出すなんて、どうかしていると思ったらしい。

そこで一人ひとりに、どうやってここまで来たのか訊いてみると、何人かは岩山をよじ登って来たそうだ。すると、どこか見えないところからトランペットの音が響きわたった。テーブルにつく合図だ。みんなはそれぞれ、ふさわしいと思えるところに席をとった。私と何人かのみすぼらしい若者は、やっとのことでテーブルの末端に空いた席を見つけた。まもなく少年たちがやってきた。その一人が崇高なお祈りの言葉を唱えたので、体中に感動が染み渡った。ところが何人かの大富豪たちは、あまりその言葉に注意を払おうとしないで、笑い合ったり、うなずき合ったり、帽子のへりをかじってみせたり、いろいろ悪ふざけをやりだした。次に食事が運ばれてきた。給仕をする人がどこにもいないのに、みるみる晩餐が整えられ、まるで一人ひとりにそれぞれ給仕が仕えているようだった。

客たちが落ち着きを取り戻し、酒がふるまわれ、遠慮がなくなると、皆はたちまち大言壮語をはじめた。それぞれ勝手なことを言い出したが、一番騒がしかったのは、一番役立たずの連中だった。何てでたらめなことを言う連中か、それを思うと、今でも不愉快になってしまう。とうとう連中は、自分の席に居座るのをやめ、へつらい者は紳士の間に割り込み、そこにまた別の誰かが割り込んだ。そして、サムソンもヘラクレスもとてもかなわぬと思えるような、大胆不敵な所行を自慢し合った。ある者は、アトラスからその重みを取り除いてやるのだと言い、別の者は三つの頭を持つケルベロスを地獄から連れてくるぞと言った。このようにして、めいめいが勝手にしゃべりまくったが、高貴な面々には、それを信じるほど単純なお方は一人もいなかった。

この愚劣な連中は、ナイフで指を叩かれても、いっこうに気にせず、この中で誰が一番偉いかを論じ合う仕末だった。一人は天の声が聞こえると主張し、別の者はプラトンの理念を眼で見ることができ、デモクリトスのいうアトムを眼で数えることができると豪語するのである。何人もが永久運動の装置を発明していた。見たところそれらの連中は馬鹿だとは思えなかったが、どうしようもないうぬぼれ屋ばかりだったのである。

ついに眼に見えない給仕たちの姿が見える、と言う者が現れた。そいつはもっと法螺《ほら》を吹こうとしたが、眼に見えない給仕の一人がその嘘つきの口に食べものを沢山つめこんだので、彼も傍の連中もしゃべるひまがなくなった。

けれども、私が注目していた人たちは皆、態度も洗練され、もの静かだったし、まわりの連中の無作法さを見ても、創造の秘密に敬意を払い、みずからは謙虚にしていたので、とてもうれしかった。とはいえ、こうした騒ぎを見ていると、こんなところに来てしまったその日のことを、ほとんど呪いたい気分に陥ってしまった。実際、だらしのない、軽薄な輩が上座を占め、私はといえば、末席の片隅に座して、心安まるひまもなく、連中の一人からは、水玉模様の道化者め、と罵《ののし》られさえもした。そのときの私は、もう一つ先へ通りぬけられる扉のあることにも気づかず、婚礼の間中こうして罵られ、馬鹿にされ続けねばならないものと思っていた。しかも私には、新郎からも新婦からもそんなことをされる謂《いわ》れはなかったのだ。そんなことのためなら、私よりももっと愚かな者が招かれればよかった。私がいくら単純な人間だからといって、こんな不公平に耐えられるほど我慢づよくはない。

しかしこういう想いは、すでに述べたように、夢に現れた私の欠陥の一つの現れにすぎない。騒ぎはますますひどくなっていった。最後には、誰にでも作り話だとわかるような夢物語を、さも本当らしく自慢し合った。

けれども、私の隣には静かな洗練された紳士がすわって、時折私に高尚な話をしてくれ、こんなことも言った。

「いいですか、兄弟。もし誰かが来て、こういう救いようのない愚か者たちに正しい道を唱え聞かせたとして、みんなはその話に耳を傾けるでしょうか」

「もちろん、そんなことはないでしょう」

「世間というものは、そんなものです。みんな騙《だま》されたいと思っているのです。だから、よかれと思って語る人の言葉など、聞くはずがありません。おかしな格好をして、馬鹿げた考えをふりまいて、皆を魅了しているあの男を見てごらんなさい。大事そうに秘密めいた話をして、みんなを騙しているでしょう。ああいう嘘つき連中の仮面を引き剝がして、化けの皮を剝がす時代がいつか来ると思いますか。もしそんな時代が来たら、馬鹿にされて来たことの名誉回復も可能になるのですが」

彼がそう語る一方で、騒ぎはますますひどくなる一方だった。突然、聴いたこともないような美しい調べが広間に響いた。急にあたりは静まり、何が起こるのか、待ちうけた。しかし私は、考えうる限りいろいろな楽器が鳴り響き、得も言われぬ協和音を発したとき、全く我を忘れて、身動きひとつしなかったので、まわりの人は不思議に思ったに違いない。そういう状態が半時ほど続いた。その間、誰も口を開こうとしなかった。なぜなら、誰かが口を開きかけると、すぐに一撃が加えられたからである。誰がどうやったのか、誰にもわからなかった。私は楽士たちの奏する楽器が見たくてたまらなかったが、音楽は突然終わり、もはや見ることも聴くこともできなくなった。

すると広間の扉の前で、トロンボーン、トランペット、太鼓の大音響が響いた。まるでローマ皇帝の入場の場面のようだった。すると扉がひとりでに開き、トロンボーンが絶え難いほどの大音響を発した。見ていると、幾千ともない小さな光が広間に流れ込み、見事な秩序を保って、こちらに向かってきたので、みんなが度肝を抜かれた。そうすると、先程の二人の少年が明るい松明を手に、先頭に立って入場し、続いて美しい乙女が松明の光に照らされ、黄金色の見事な輿に乗って、こちらへ運ばれて来た。私にはこの乙女が、道で灯明に火を点じ、そしてまた火を消した人物で、樹々の傍らに立っていたのは、ここにいる彼女の従者たちのように思えた。しかし乙女は今、以前の青い服ではなく、黄金で飾られ、純白に輝く衣装をまとっていた。彼女は光り輝いて見えたので、敢えてその顔を見ようとする者はいなかった。二人の少年も、それと似た衣装を身につけていたが、それほど豪華ではなかった。
乙女が広間の中央で輿から降りると、すべての小さな光が彼女の前に集まり、そして身を屈めた。それに応えて私たちも皆、椅子から立ち上がった。その場を離れる者はひとりもいなかった。彼女と私たちが、互いに敬意を表し合ったとき、彼女は妙なる声で、次のような挨拶の言葉を語った。

尊き王様は、愛する花嫁を伴って、婚礼の式におでましになります。御来席の皆さまをご覧になり、この祝宴の間で皆さまを祝福し、大いなる秘密をお告げになろうとしておられます。どうぞ、心を開いて、この婚礼の席にふさわしく、お待ち下さいますように。

こう告げると、乙女はもう一度丁寧に、側に仕えるすべての小さな光と共におじぎをした。それからさらに、次のように言葉を続けた。

皆さまもご存知の通り、王様は神さまのお許しのない人をひとりもお呼びになりませんでした。この場所にふさわしいのは、謙虚な人でなければなりません。ですから、無分別にこの聖域に入り込んだりした人は、ひとりもいないでしょう。長い時間をかけて、婚礼の式にふさわしい準備ができている方々ばかりです。ですから、すべての点で、ここに来て、よかったと思っていただきたいのです。現代という厳しい時代に、志の高い方々がこのように集まっておられるのを見て、心は喜びで一杯です。

けれども、地上の者たちは大胆ですね。どんな悪業を積み重ねても、何とも思っておりません。あつかましくも、招かれていないところにまで押しかけてきます。ここには、どんなならず者も、どんなおどけ者もいてほしくないのです。どんなにあつかましい態度で名誉を手に入れようとしても、次の日には魂の秤《はかり》にかけられてしまいます。そして心の奥底にしまい込んだはずのものが、つらい思い出となって甦るのです。

けれども、良心が胸を烈しく打つときは、謙虚にそっと横に並び、どんな悪意も受けつけないでしょう。試煉に耐えられない人は、なぐさめも幸せも得られません。今日、罪を悔いる人は、明日の自由な人なのです。そして二度ともとには戻りません。しかし、己れの名誉を知る人は、私の使いが隠れ家に案内いたします。そこでならゆっくりとくつろいで、大らかに魂の秤を待てばいいのです。大切な祝宴の前には、そうなさって下さい。道に迷った人は、みずからの行為を苦しみで償わなければなりません。皆さまに、神の平和がありますように。

そう語ると、乙女はふたたび会釈し、威儀正しく玉座に戻った。ふたたびトランペットが奏された。列席の人びとの中からは、深い溜息が漏れ聞えた。

やがて小さな光たちのいくつかは外へ出ていき、残りの大部分は広間に留まって、一つずつ私たち一人ひとりの傍に侍った。私たちの恐れは大変なものだった。不安のあまり、どんな言葉や身振りが交わされたか、とても言い表わすことができない。まだ大抵の人は自分が秤にかけられても大丈夫だと思っていた。合格できなくても、何ごともなく退席できるつもりになっていた。私はといえば、大急ぎで自分のことをふりかえってみたが、自分の良心の力が自分の無思慮、無価値を上回っていると思えたので、広間にとどまり、ご馳走をいただいても、後で酷い目に遭うことはないだろうと思った。

さて、みんながそれぞれの小さな光に導かれて、小部屋に入っていった（後で知ったが、一人ひとり別の小部屋に導かれたのだ）。最後まで広間に残っていたのは、私を含めて九人だった。先程テーブルで話を交わした人物も、その一人だった。私たちの小さな光がいなくなったわけではないが、しばらくすると、前に述べた少年に、一人が大きな松明を手にして近づき、私たちが本当に留まる決心をしたのかどうか、真剣な様子で訊ねた。私たちが溜息をつきながら、そうするつもりだ、と答えると、少年は私たち一人ひとりを特別な場所に縄でつなぎとめた。そして私たちに仕えていた小さい光たちと一緒に、哀れな私たちを闇の中に残して、去ってしまった。

そのうち、何人かが果てしなく涙を流し始めた。私もまた泣くまいとしても泣かずにはいられなかった。お互いに話し合いを禁じられていたわけでもないのに、苦しみと悩みが皆を黙らせていた。縄は見たこともない材質のもので、切断できなかったし、まして足の縛《いまし》めを解くことなど、誰にもできなかった。今、小部屋で眠りにつこうとしている人びとは、大きな屈辱を真近にしている。私たちはみな思い上りを一晩で償うことができた。しかしそう考えても、慰めにはならなかった。重苦しい気分のまま、私はいつのまにか眠ってしまった。私たちの中で眼をつぶっている人はごくわずかだったが、私はあまりの疲れのために、それ以上起きていることができなかったのである。

私は夢を見ていた。その夢に大した意味がなかったとしても、その概要を記しておくことも無駄ではあるまい。

私は高い山の上に立っていた。眼の前には広大な谷があった。谷の中では無数の人びとがひしめき合い、一人ひとりの頭を、一本のひもが中空に吊り上げていた。あるものは高く、あるものは低く、何人かはまだ大地に立っていた。しかし空中では、一人の老人が手にはさみを持って飛びまわり、次々に紐を切っていった。大地のすぐ傍に吊り下がっていた人は、すぐに足が地についたので、あまり音をたてずにすんだが、高いところから落ちてきた人は、大きな地響きをたてた。何人かの紐はたるんでいたので、切られる前に、大地に足がついた。

この転落物語の夢で私はすっかり愉快になった。威厳を保って天空高くいた者が大地にたたきつけられて、大恥をかき、その上になお、まわりにいた何人かを巻き添えにしたのである。同様に愉快だったのは、大地から離れないようにしていた者が難を免れて、まわりの誰からも気づかれることなく、平静を保っていたことである。

こうしてこの上ない喜びに浸っていたとき、仲間の捕虜の一人が突然私をこづいたので、私は目覚めさせられ、腹が立って仕方がなかった。私は今見た夢のことを思い返し、反対側に横たわっていた私の兄にも、見た夢の話をした。兄はその夢に興味を持った。そして、夢の最後には助けが待っている、と考えていた。兄と私はそのことを話し合って夜の残りの時間を過ごし、まんじりともせずに、夜が明けるのを待った。

編集後記

飯塚立人

本書は高橋巖訳シュタイナーの三部作シリーズ、「危機の時代の人智学」と「自由と愛の人智学」に続く、「人智学のパースペクティヴ」の第一巻である。昨年二〇二三年に前シリーズを制作、刊行していく中で、本シリーズの構想も具体化していき、その三部作それぞれの収録講義と方向性を、高橋氏と編集者の高梨公明さんと共に定めていった。本巻の『霊界から社会へ到る道』というタイトルは、構成案の冒頭に高橋氏が全体像をメモされていた言葉、「現代社会に働きかける霊界からの作用」と、昨年末の氏の京都での講演会のテーマ、「エーテル界への道」にヒントを得て付けられた。

シリーズ全体における、そして特に本書におけるシュタイナーの多様な人智学の側面を、自分の人生と結びつけて読むことへの導きとして、高橋氏の二〇一〇年末の講演録「エーテル界とエーテル体」を収録した。そこではエーテル化―生命化という本書の各章に通底するテーマについて、落ちていく人生の中で、みずからをみずからの霊的本性に捧げる、帰依する感情が人生の依りどころであり、人智学の究極の思想である、と語られている。

本書に収められたシュタイナーのそれぞれの講義は、二〇一〇年代に、東京のシュタイナーを読む勉強会のテキストとして翻訳されたものである。最後の社会論の二講義は既訳であったが、同じ時期に勉強会のテキストとして再び取り上げられていた。

社会論の前に置かれている「クリスティアン・ローゼンクロイツの化学の結婚」(九〇年代に雑誌『人智学』に掲載)は、アンドレーエの『化学の結婚』について、第一次世界大戦中の一九一七年にシュタイナーが執筆した論考の、はじめの部分である［第一日、第二日］。その部分についてシュタイナーは、一九一七年九月三〇日の講義(『自由と愛の人智学』第三巻、『平和のための霊性』三七頁以降)で言及し、アンドレーエの諸著作は、自然と社会(人間関係)の霊的認識に基づく社会的共同生活(一二一頁)への運動の発端であったと語っている。シュタイナーの社会運動は、その霊的な発端に見合った意味でさらに働いていくものであることが、次章の社会論に示されている。第二日の論考の結論では、真の認識への道を歩むには、霊界に対する魂的無力感を充分体験しなければならないことが強調されている。

人智学は、建設的で肯定的な霊からの働きかけ(キリスト衝動)を私たちが受けとめるためにあることが、「血のエーテル化」で述べられている。それは現代の時代の霊(ミカエル)の啓示を顕わすものであることが、「ゴルゴタの秘儀の時代のキリストと二〇世紀のキリスト」で示唆されている。

シュタイナーは人智学の在り方の理想を、「言語の霊的考察」(一六七頁)では、さまざまな側から生じる個的なものを、共通の祭壇に捧げること、統一性ではなく、多様なものが相互理解の中で生かされるように働くこと、と述べている。高橋氏はこれを、エーテル文化への道を歩む、人智学運動のモットーとされてきた。

「人生の階梯」や「カルマとどう向き合うべきか」をはじめ本書のさまざまな講義は、それぞれのパースペクティヴから、あらためて自分の人生に真剣に向き合うきっかけを与えてくれる、人生論である人智学の典型的なテキストとなっている。

高橋巖氏の貴重なシュタイナーの訳稿を、常に現代社会を生きる私たちに働きかける本として、編集してくださる高梨公明さんと出版してくださる春秋社に、深く感謝いたします。

二〇二四年一一月八日

プロフィール

ルドルフ・シュタイナー　Rudolf Steiner（1861-1925）
ハンガリーのクラリエヴィェベック（現クロアチア）に生まれる。ウィーン工科大学卒業。ゲーテ学者、哲学者として活躍した後、1902年、神智学協会ドイツ支部書記長に就任。1913年、神智学協会を離れ、人智学協会を設立。霊学的観点から新たな総合文化の必要性を説き、その影響は宗教、芸術、教育、医療、農法、経済など、広範な分野に及ぶ。1925年、スイス・ドルナハにて逝去。著書・講演録多数。

高橋　巖　Iwao Takahashi
東京、代々木に生まれる。慶應義塾大学文学部大学院修了後、ドイツに留学。ミュンヘンでドイツ・ロマン派美学を学ぶなか、シュタイナー思想に出会う。1973年まで慶應義塾大学で教鞭をとる（美学・西洋美術史を担当）。1985年、日本人智学協会を設立。著書に『神秘学講義』（角川書店）、『シュタイナー哲学入門』（岩波書店）、『シュタイナー教育入門』（亜紀書房）、『シュタイナーの人生論』（春秋社）ほか、訳書に『シュタイナー・コレクション』全７巻（筑摩書房）、『秘教講義』（１～４、春秋社）ほか。2024年３月30日、逝去。

飯塚立人　Tatsuhito Iizuka
京都府生まれ。高橋巖著『神秘学講義』に出会い、シュタイナーを知る。京都教育大学で教育哲学を専攻。1984年より高橋巖人智学講座を受講。1989年に渡米。スタンフォード大学教育大学院博士課程でネル・ノディングズに師事し、ケアリングの倫理を学ぶ。1991年より日本人智学協会会員。ケアリング人智学・シュタイナー研究。編著に『シュタイナーの言葉』（春秋社）。

霊界から社会へ到る道　人智学のパースペクティヴ　1

2024年12月20日　第1刷発行

著　者＝ルドルフ・シュタイナー
訳　者＝高橋　巖
編　者＝飯塚立人
発行者＝小林公二
発行所＝株式会社　春秋社
〒101-0021 東京都千代田区外神田 2-18-6
電話　(03)3255-9611（営業）
(03)3255-9614（編集）
振替　00180-6-24861
https://www.shunjusha.co.jp/
印刷所＝株式会社　太平印刷社
製本所＝ナショナル製本協同組合
装　丁＝本田　進

ISBN978-4-393-32566-7 C0011　定価はカバーに表示してあります。